卡莱–热尔曼

腹部功能康复训练

腹部觉知唤醒与力量激活

［法］布朗蒂娜·卡莱–热尔曼◎著　　王　珏◎译

北京科学技术出版社

重要提示：

本书不可替代医疗咨询。如果您想获得专业医学建议，请向有资质的医生咨询。因本书相关内容造成的直接或间接不良影响，出版社和作者概不负责。

著作权合同登记号　图字：01-2020-3730

图书在版编目（CIP）数据

腹部功能康复训练 ／（法）布朗蒂娜·卡莱-热尔曼著 ； 王珏译. — 北京 ：
北京科学技术出版社，2022.3（2022.12重印）
　ISBN 978-7-5714-1958-5

Ⅰ. ①腹… Ⅱ. ①布… ②王… Ⅲ. ①腹—肌肉—体育锻炼
Ⅳ. ①G831.3

中国版本图书馆CIP数据核字(2021)第252323号

策划编辑：孔　倩		电　话：0086-10-66135495（总编室）		
责任编辑：田　恬		0086-10-66113227（发行部）		
责任校对：贾　荣		网　址：www.bkydw.cn		
图文制作：沐雨轩文化传媒		印　刷：北京宝隆世纪印刷有限公司		
责任印制：李　茗		开　本：710 mm × 1000 mm 1/16		
出 版 人：曾庆宇		字　数：125 千字		
出版发行：北京科学技术出版社		印　张：9.75		
社　　址：北京西直门南大街 16 号		版　次：2022 年 3 月第 1 版		
邮政编码：100035		印　次：2022 年 12 月第 3 次印刷		
ISBN 978-7-5714-1958-5				

定　价：98.00 元

谨向以下各位表达最诚挚的谢意：

安特耶·博伊曼

安娜·德布雷利

昂里克·布鲁格拉

弗朗索瓦兹·孔特勒拉

斯特凡·费尔南德斯

布丽吉特·哈普

克里斯蒂娜·曼贾帕尼

努丽娅·比维斯

推荐序

《说文解字·肉部》有云："腹，厚也"，给人以踏实之感。在生活中，我们说心腹是信任，饱腹是满足，大腹便便是富态；在运动界，人们视马甲线为魅力，人鱼线即性感，拥有视觉冲击力的腹部意味着健康。

随处可见的减肥广告，琳琅满目的瘦身产品，五彩斑斓的减脂餐食，充满斗志的运动瘦腰术，可谓八仙过海，各显神通。这充分说明，无论是从腹部美学的角度，还是出于对"高血压、高血脂、高血糖"的担忧，人们对于腹部的关注绝对不亚于对自己容颜的重视。

腹部力量的薄弱，产后腹部的损伤，营养过剩带来的腹部脂肪堆积，都在深深地影响着当代人的生活质量。强健的腹部，不仅仅是美学象征，更展现了一个人对健康负责的态度。

腹部训练虽然在商业包装下让人眼花缭乱，但一股清流足以让我们眼前一亮，这部清澈如泉水、单纯而强大的腹部功能训练奠基之作——《腹部功能康复训练》中文版终于在不平凡的2022早春推出。

这不是一本简单的畅销书，而是具有划时代意义的腹部功能重建纲领，是腹部功能训练的极致之作，它就像一缕阳光，为你驱散因腹而愁的阴霾。

按照书中的训练方法，你终会有那么一刻，会云开，会雾散，会闻到玫瑰的怡人芳香，会从容面对生活中的顺逆无常。

李哲

广东医科大学功能康复及护理培训中心

如何阅读本书

阅读提示

书中使用一些特殊的注释符号，其意义各不相同。

➕ 补充信息

❗ 特别注意

🔍 （易于观察到或触摸到的）身体结构

Ⓡ 记忆要点（通常出现在页面底端）

你可以根据自身需要选读某些章节：

· 如果你迫切希望了解与腹肌训练相关的风险，可直接跳至第75页；

· 如果你希望了解腹肌训练的基础知识，请阅读第64～69页；

· 如果你希望仔细研究人体解剖结构，可以阅读第14～31页；

· 如果你希望立即开始训练，可以从第117页读起。

说明

本书不仅适合医疗、康复、运动、健身领域的专业人士阅读，还适合普通大众阅读。本书中的某些词语特意选择了大众都能理解的表达。无论你希望更好地了解如何进行腹肌训练，还是为了更好地教授相关的知识，本书都可以满足你的需求。

主题

本书将为你详细介绍有关腹肌功能训练的风险及其评估。

无论是为了腹部功能康复，还是想重塑身材，腹肌训练都必不可少。

腹肌训练从来都不是无关紧要的，因为它是针对身体核心区域的练习。
身体核心区域包括：
- 脊柱
- 脊髓
- 腹壁及盆底
- 呼吸系统、循环系统和消化系统

如果训练方式不当，可能会导致身体核心区域损伤；而恰当的训练方式，则能起到保护作用。

本书将带你探索腹部这一身体核心区域，并对当前流行的腹肌训练法逐一进行解析。

目 录

1

腹肌是什么？

简介：腹肌的作用无处不在

在出生的那一刻，新生儿要强烈地收缩腹肌以发出来到人间的第一声啼哭。将时间稍向前推，母亲为了完成生产，也需要强烈地收缩腹肌。

在漫长的人生中，腹肌伴随着我们所有的喜怒哀乐：当我们痛哭时、欢笑时，或是感到气愤时、害怕时，都会收缩腹肌。

每当我们开口说话，腹肌就会参与其中。大部分呼吸动作也需要借助腹肌才能完成。

唱歌和演讲需要腹肌的持续参与：音量的大小、发声持续时间的长短都要求腹肌的紧张度时刻做出改变。

腹肌紧张度的改变还会影响内脏的活动。

腹肌经常参与到身体活动中：伴随或者主导躯干的活动，还可以固定躯干，甚至影响上下肢的运动幅度。

练太极和练气功时，常常需要在站姿下不断变换上下肢的动作。此时，腹肌的参与可以很好地保持躯干的直立，还能起到固定腹腔脏器的作用。

许多瑜伽体式也会调动腹肌。

在俯卧撑练习中，腹肌可起到固定躯干、收腹的作用。

跳舞时，需要调动腹肌固定骨盆或者带动骨盆移动。

放松练习时腹肌虽未收缩，但这也属于针对腹肌的训练。有时候，学会放松腹肌和学会收缩腹肌一样重要。

腹肌、腹部和腹肌训练

腹肌

是一组由四对左右对称的扁肌构成的肌肉群，包裹了部分腹部。

四对肌肉中有一对位于腹前部，即**腹直肌**。

其余三对位于腹部两侧，它们是**腹横肌**、**腹内斜肌**和**腹外斜肌**。这三对肌肉由内向外依次交叠，构成了一个三层结构的肌肉群。

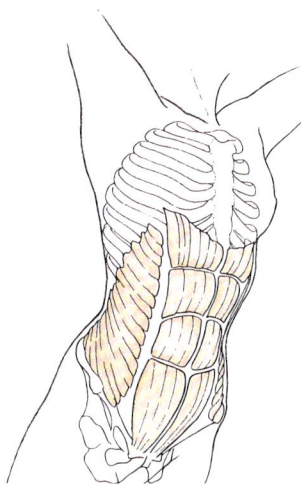

腹肌像围裙一样包裹着腹前部和侧腹部。

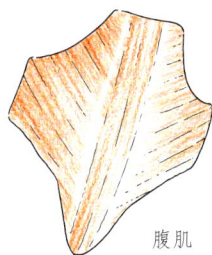

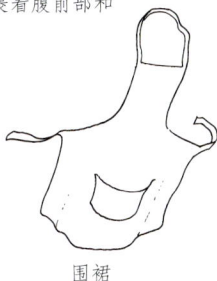

围裙

腹肌

腹肌训练

指**强化腹肌**的训练。

腹部

腹部包含膈肌之下位于腹腔内的内脏群。膈肌之上是胸腔，被胸廓包裹。

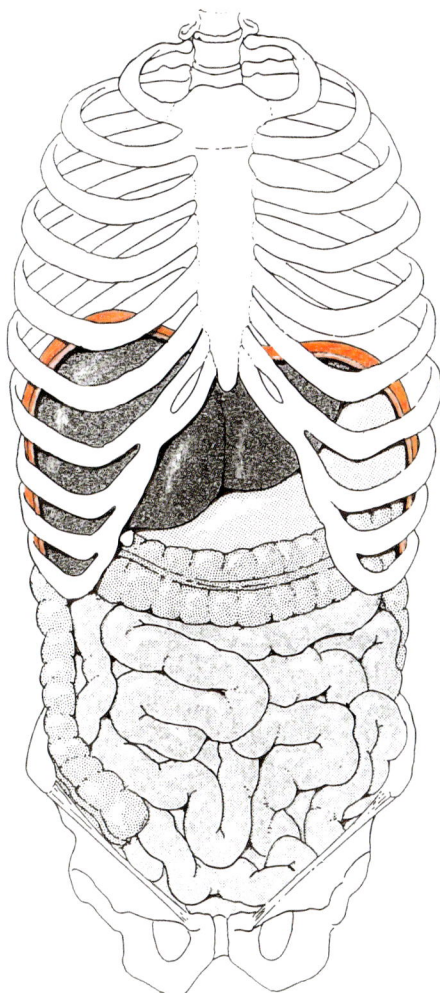

腹肌的双重作用

1

腹肌和躯干上的某些骨骼相连，如肋骨、胸骨、椎骨、耻骨等。腹肌收缩可以带动这些骨骼运动，这是腹肌之于骨骼的作用。

如图所示，腹肌拉近了骨盆和胸骨的距离，使躯干弯曲。

四对腹肌走向各不相同，因此，腹肌对骨骼运动的影响是多种多样的。

该动作无腹肌参与

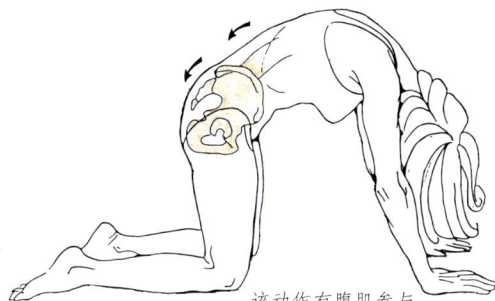

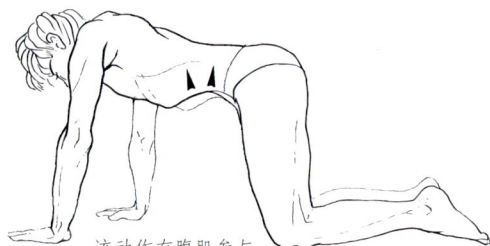

该动作有腹肌参与

该动作无腹肌参与

该动作有腹肌参与

2

腹肌是腹壁的组成部分，参与保护腹腔脏器。

腹肌在某种程度上可被比作内盛液体的袋子，腹肌收缩可以引起腹内脏器变形、移位或将内脏固定在某一位置。这便是腹肌之于腹腔脏器的作用。

如图所示，躯干保持不动，腹肌收缩可以使腹部内收。

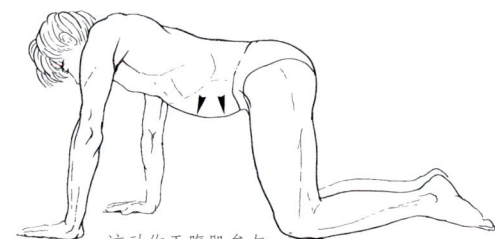

腹肌的作用分别体现在骨骼和腹腔脏器上，而且通常是同时起效的。但当我们观察腹部运动时，会经常忽视这一点。腹肌的双重作用时常扰乱我们对腹肌训练效果的分析。这也是为什么在本书中我们会严格区分腹肌在骨骼层面作用和其在腹腔脏器层面作用的原因。

腹壁是什么？

腹壁由骨骼和肌肉组成，**容纳和保护腹部脏器**。

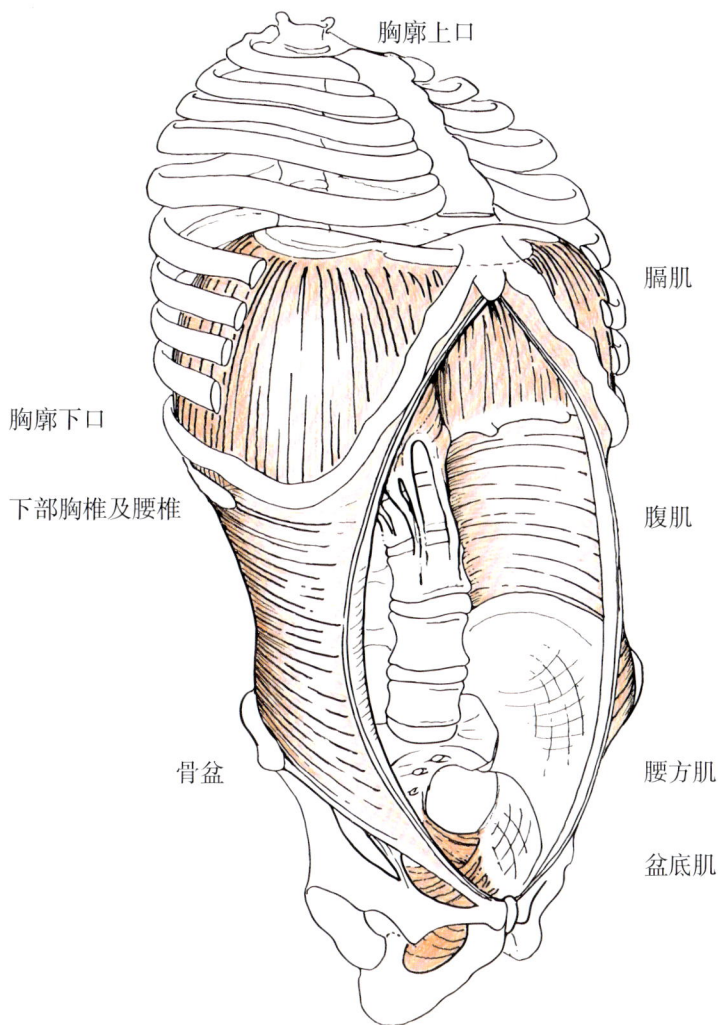

胸廓上口

膈肌

胸廓下口

下部胸椎及腰椎

腹肌

骨盆

腰方肌

盆底肌

"腹壁"在法语表达中使用的单词是"caisson"，其实并不贴切，因为这个词通常表示一个外形固定的包裹物，如箱子、盒子。然而，腹壁是可以变形的。这一特性不仅由腹壁肌肉所决定，也和腹壁周围的骨骼间有众多关节连接有关，比如：
·椎骨间有椎间关节；
·胸廓上也有很多关节。
另外，胸廓是可以变形的，特别是胸廓下口（肋弓）。它们与腹肌的关系极为密切。

13

腹直肌

腹直肌在哪儿？

位置

腹直肌有两块，分列于
腹前正中线两侧。

**四对腹肌中，只有腹直肌位
于身体正前方。**

每侧腹直肌的肌腹（红色部
分）都被不可收缩的腱划
（白色部分）隔成了四段。

这让腹直肌看起来像一大
块巧克力。

附着方式

**腹直肌上部与第5～7肋软骨相连，
并借此实现与胸骨的连接。** 腹直肌
沿腹前壁垂直向下延伸，越往
下形状越窄。**腹直肌底部与
骨盆前侧的耻骨相连。**

整条腹直肌在腹部前
侧沿垂直方向延伸。

腹直肌如何作用于骨骼？

1

腹直肌可以**牵拉骨盆**。

腹直肌可以将耻骨向胸骨方向牵拉，即让骨盆向上翻转（下背部弯曲，臀部内收）。在这个方向上的骨盆转动被称作"骨盆**后倾**"。

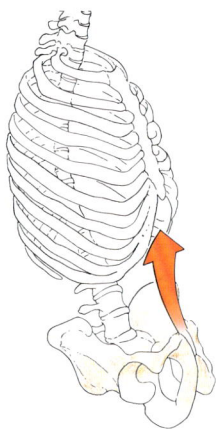

腹直肌可以**使骨盆后倾**，并将其固定在某一位置。

2

腹直肌可以将胸骨及胸廓前侧向骨盆方向牵拉，即使**胸廓下移**。

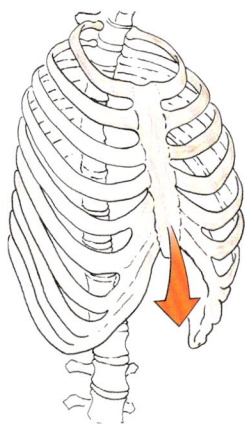

腹直肌可以**使胸廓下移**，并将其固定在某一位置。（请注意体会，当胸廓下移时，会有呼气的欲望。）

3

腹直肌可以间接地活动脊柱的某些部分。例如，当腹直肌收缩，牵拉骨盆和（或）胸廓时，后背中部会拱起。

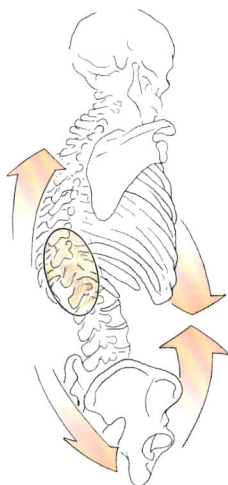

腹直肌可以**使脊柱屈曲**，并将其固定在某一位置。

!

- 腹直肌不直接作用于脊柱，腹直肌连接胸廓和骨盆，只能间接作用于椎骨。
- 腹直肌的作用范围可从胸廓下部一直延伸至骨盆，包括下部胸椎、腰椎、胸腰连接部及腰骶部。
- 上述区域中，最灵活、最易弯曲的是胸腰连接部。因此，腹直肌收缩的效果会最先体现在这个部位。也就是说，相比于骨盆后倾，腹直肌收缩会先导致后背中部拱起。因此，如果想让骨盆后倾，需要先抑制后背中部拱起。

由于腹直肌纵向分布于腹前正中线两侧，因此，它可以带动躯干以左右对称的方式前倾。

腹直肌如何作用于腹腔脏器？

腹直肌收缩时，腹腔脏器会向后移动，即更贴近脊柱。

腹直肌很少进行整体收缩，腹直肌收缩一般是分段进行的。

如图，腹直肌可以分段进行收缩。

!

腹腔脏器的体积不会减小，它们就像一包无法被压缩的液体。但腹腔脏器可以改变形状，它们可以向腹部上方（朝胸腔方向）或下方（朝骨盆方向）移动。

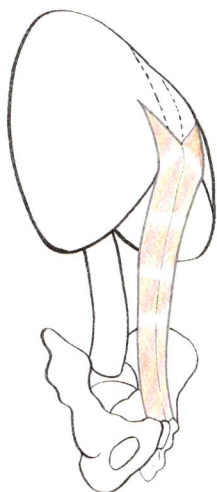

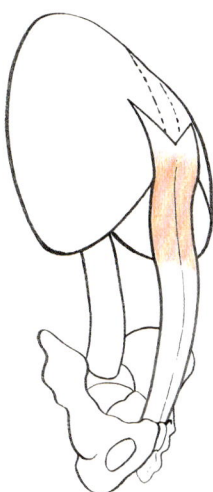

| 胸骨下部的腹直肌收缩 | 脐附近的腹直肌收缩 | 耻骨上方的腹直肌收缩 |

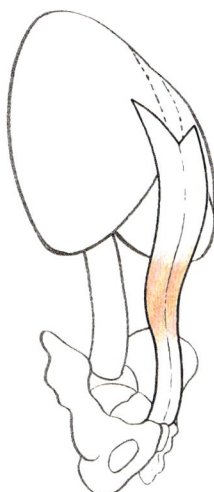

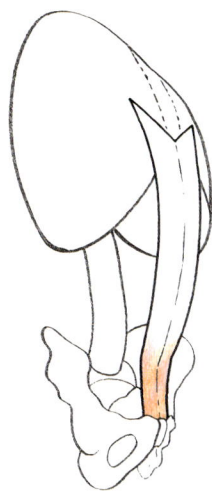

因此，我们可以分段、阶梯式地收缩腹部。

我们还可以通过依次收缩腹直肌的不同区域让腹部活动起来。这样，就可以实现腹腔脏器向骨盆或胸腔方向的移动了。

R

收缩和放松腹直肌，可以使腹部上提或下沉。虽然这是多块腹肌协同作用的结果，但腹直肌的作用是最主要的。

其他三对腹肌和白线

其他三对腹肌

位于身体两侧的三对腹肌属于扁肌。

它们在腹部左右两侧相互交叠。

这三对腹肌从内到外依次是：

· 腹横肌
· 腹内斜肌
· 腹外斜肌

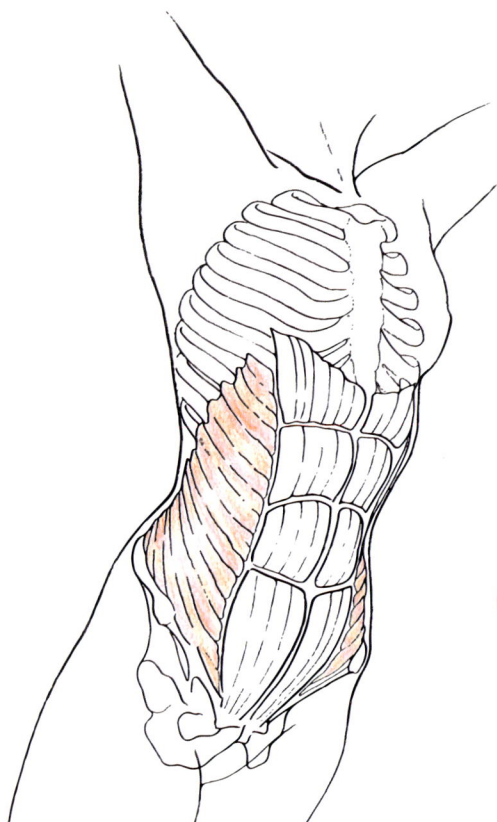

体形瘦弱的人这三对腹肌比较薄，身体健壮的人这三对腹肌在视觉上仿佛超过骨盆的尺寸"漫溢"出来（注意：肥胖也可能导致这部分腹壁体积变大）。

白线

在腹部正前方，由腹前外侧壁三层扁肌（腹横肌、腹内斜肌、腹外斜肌）的腱膜在腹前正中线上相互交织而成。

白线非常致密。然而，白线上有时也可能存在一些薄弱点，在这些部位可能会形成疝（详见第43页"白线疝"）。

腹肌筋膜是什么?

和所有骨骼肌一样,腹肌也有红色和白色两部分:

·红色部分是有收缩能力的肌纤维;
·白色部分是没有收缩能力的结缔组织膜。

白色部分被称为筋膜。

筋膜有两种形式、两种作用:

·在某些地方,筋膜像保护套一样包裹着肌肉;
·在其他地方,它是可收缩的肌纤维的延伸部分,类似一张
  可以被牵拉的纤维网(对于腹肌来说,这些延伸部分位于
  腹部前面,被称作"腹前外侧壁筋膜")。

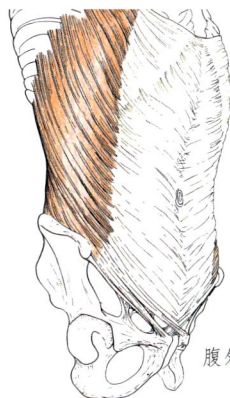

腹外斜肌及其筋膜

腹外斜肌、腹内斜肌和腹横肌的筋膜

腹外斜肌、腹内斜肌和腹横肌都由
两层筋膜包裹着:一层浅筋膜和一
层深筋膜。因此,在腹外侧共有六
层筋膜。腹外斜肌、腹内斜肌和腹
横肌的可收缩部分止于腹部前侧。

六层筋膜(像千层饼一样)叠加排
列。起初,各层筋膜连在一起。

筋膜开始分层以包裹腹直肌。

筋膜在腹壁前正中线处重新汇合,形成白线。

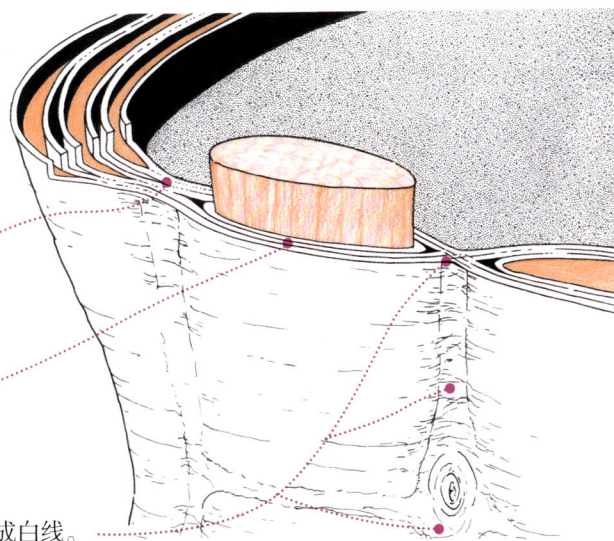

R

腹部筋膜的分布相当复杂,不同区域之间也有所不同。
·在腹部上2/3处,腹横肌筋膜和腹内斜肌深筋膜从腹直肌后方穿过;腹外斜肌筋膜和腹内斜肌
  浅筋膜从腹直肌前方穿过。
·在腹部下1/3处,腹外斜肌、腹内斜肌和腹横肌的筋膜都从腹直肌前方穿过。这个区域在腹部
  的下半部分是肉眼可见的,以一条水平线为界,在这条线之下,腹部明显回收。

19

腹横肌

腹横肌在哪儿?

位置

腹部左右两侧各有一块腹横肌。

在位于腹部两侧的三对腹肌中, 腹横肌在最里层。 腹横肌几乎是挨着腹腔脏器的, 腹腔脏器与腹横肌之间只有一层筋膜。

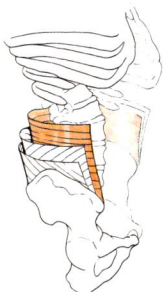

附着方式

上面, 腹横肌上端与下六对肋软骨内面相连。

下面, 腹横肌下端与骨盆在髂嵴处相连。髂嵴位于我们做手叉腰动作时, 手停放的位置。腹横肌朝腹股沟韧带延伸(腹股沟韧带是沿着腹股沟走行的一条韧带, 见第34页)。

前面, 腹横肌肌纤维附着在腹前外侧壁筋膜上。腹横肌也有两层筋膜, 一层是深筋膜, 另一层是浅筋膜。

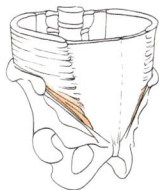

腹部下1/3处, 腹横肌的两层筋膜都从腹直肌后方经过。腹部上2/3处, 腹横肌浅筋膜从腹直肌前方经过, 腹横肌深筋膜从腹直肌后方经过。

腹横肌肌纤维(红色部分)在腹部两侧水平分布。

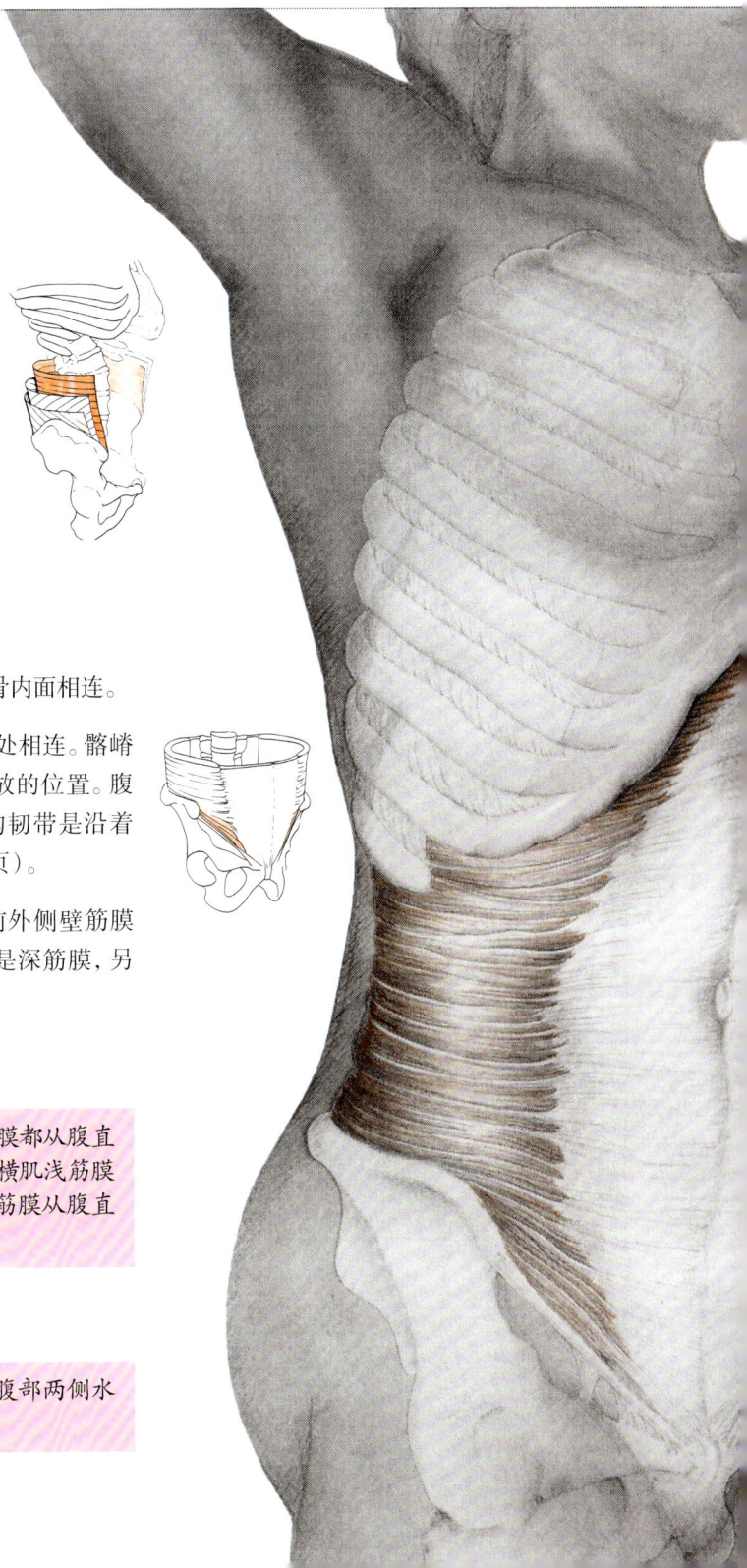

腹横肌是如何作用于骨骼的?

1

因为腹横肌肌纤维与骨盆平行,所以,**腹横肌无法牵拉骨盆**。

2

腹横肌无法带动椎骨移动。

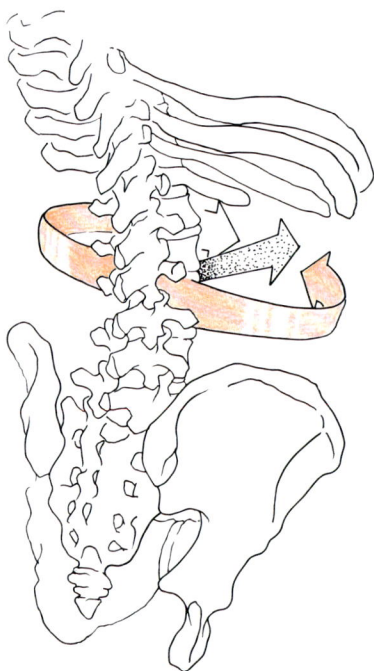

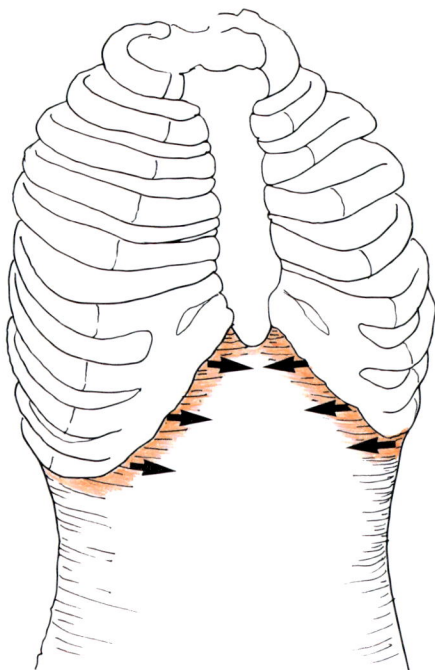

3

腹横肌可以使左右两侧肋弓微微靠近。这一作用的效果是极不明显的,因为在这个位置腹横肌的肌纤维非常短。

更准确地说,是腹横肌"几乎"无法带动椎骨移动。腹横肌的作用方式可以被看作一种环状收缩,该收缩理论上可以让腰椎挺直。但是,腹横肌可以让腰椎挺直的前提是我们将这块肌肉的固定点假设为在其前侧,但这部分经常会变形,而且总是在肌肉收缩时第一个发生变形。因此,腹横肌带动椎骨移动几乎只存在于理论上,即使它真的实现了该作用,其对腰椎的影响也是微乎其微的。

腹横肌对骨骼没有太大的影响。
在所有的腹肌中,腹横肌对骨骼的影响是最小的。相对来讲,腹横肌对腹腔脏器的影响会大一些。

腹横肌是如何作用于内脏的?

腹横肌在腹部的两个特殊区域以两种方式起作用。

1

在肋弓和骨盆之间,腹横肌的作用很明显。这一区域的腹横肌肌纤维长且数量多。腹横肌收缩,可以使腰围减小。

此时,腹腔脏器的体积并未减小,因为腹腔脏器就像一包无法被压缩的液体一样。

腹腔脏器发生了变形。

腹腔脏器也发生了移动。

· 向上:朝胸腔移动。
· 向下:朝盆腔移动。当我们处于站立姿态时,腹腔脏器倾向于向下移动,这是因为地心引力在起作用。

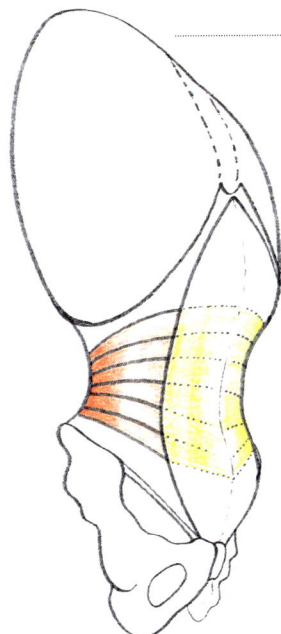

2

腹横肌底部的肌纤维会延伸至腹股沟韧带中段。

这可以强化腹股沟韧带。在这一区域,腹横肌和腹内斜肌(见第27页)互为补充,一起收紧腹部下缘。

腹横肌可以分区域收缩。

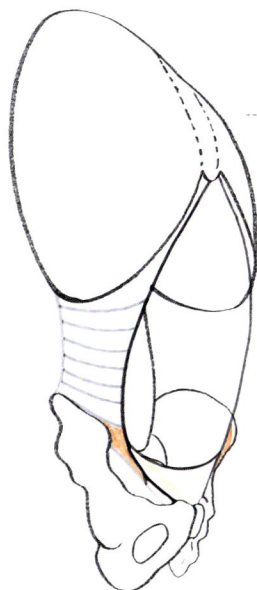

腹横肌收腰的作用比较明显,但它使腹腔脏器移动的能力有限。因此,如果想运动腹腔脏器,还需要其他腹肌的协助:
· 腹直肌可以使腹腔脏器上下移动;
· 腹内斜肌可以使上腹部内收,使腹腔脏器下移;
· 腹外斜肌可以使下腹部内收,使腹腔脏器上移。

腹内斜肌

腹内斜肌在哪儿?

位置

腹内斜肌共两块，腹部两侧各一块。

在腹部两侧的三对腹肌中，腹内斜肌在中间层。它的外侧是腹外斜肌，内侧是腹横肌。

附着方式

上面与肋弓相连。

下面与骨盆在髂嵴处相连，并沿着腹股沟韧带延伸。在腹部下缘的所有扁肌中，腹内斜肌的肌纤维最多也最长。

腹内斜肌的肌纤维（红色部分）包裹着腹部两侧，从后下向前上分布。

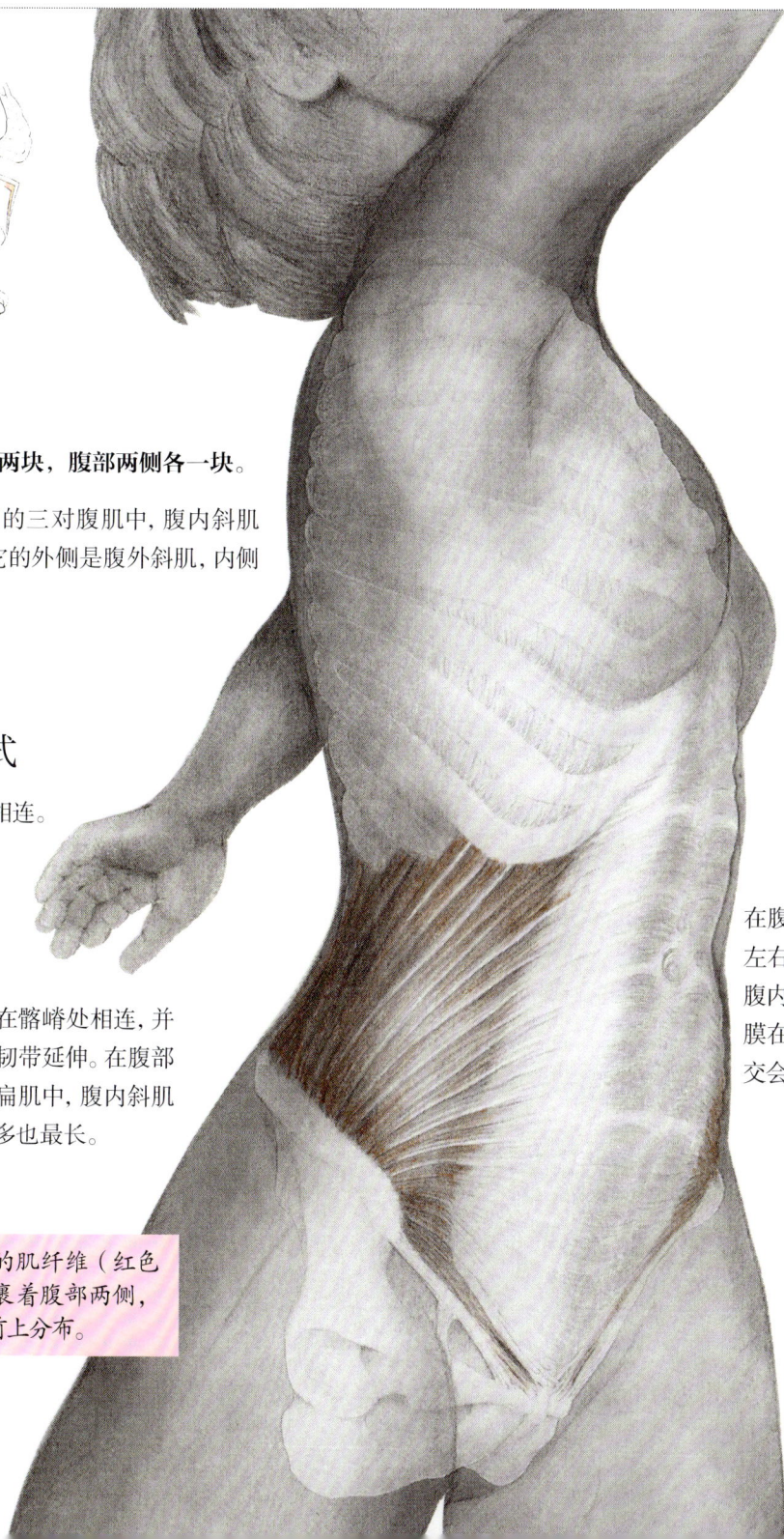

在腹前壁，左右两侧的腹内斜肌筋膜在白线处交会。

腹内斜肌是如何作用于骨骼的?

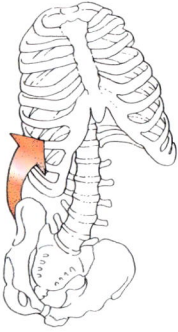

1

腹内斜肌上固定时,可以牵拉骨盆。

a)腹内斜肌可以由左右两侧分别向上牵拉骨盆,使骨盆侧倾。

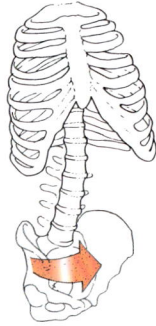

b)在收缩的一侧,腹内斜肌使骨盆向前转动。

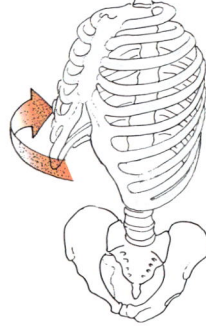

2

腹内斜肌下固定时,可以从前方将胸廓向下牵拉。此时,胸廓弧度减小、宽度增加。(请注意体会,当我们做这个动作时,会伴随有呼气的欲望。)

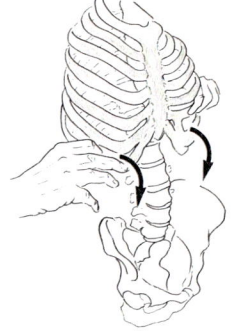

3

腹内斜肌下固定时,可以使脊柱屈曲。

当两侧的腹内斜肌同时牵拉骨盆和(或)肋弓时,会造成腰椎弯曲。如果两侧的腹内斜肌力量不均衡,则会使腰椎朝力量大的那一侧转动。这不是腹内斜肌直接作用的结果,因为腹内斜肌和椎骨没有任何直接连接。

腹内斜肌可以将骨盆侧倾,固定于某一位置,并阻止其恢复原位。

腹内斜肌可以将骨盆旋转,固定于某一位置,并阻止其恢复原位。

腹内斜肌可以将胸廓固定于某一位置,并阻止其恢复原位。

腹内斜肌可以将脊柱固定于某一位置,并阻止其恢复原位。

腹内斜肌在侧腹部呈斜行分布,一侧腹内斜肌收缩可以使躯干向同侧弯曲。

腹内斜肌是如何作用于腹腔脏器的?

腹内斜肌在腹部的不同部位作用方式不同。

1

腹内斜肌的上半部分作用更为明显,因为那里的肌纤维相对较长。通过收缩这部分肌纤维,腹内斜肌可以收紧腹部肚脐以上的部位。

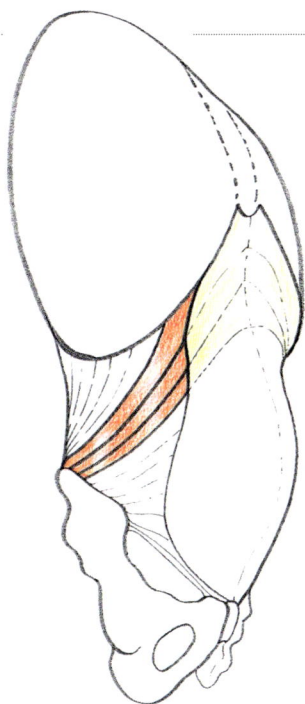

! 腹腔脏器不可压缩,因此体积不会改变。在腹内斜肌的作用下,腹腔脏器会改变形状,并向下或向两侧移动。

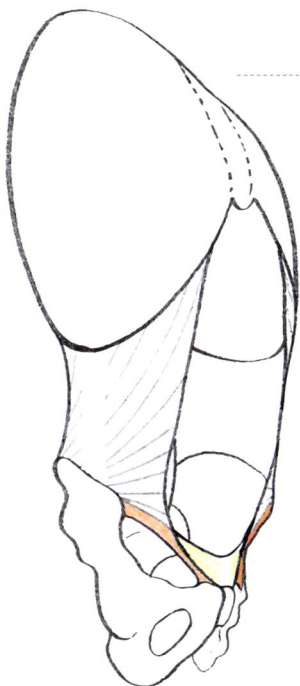

2

腹内斜肌底部沿腹股沟韧带延伸,此处肌纤维最长,数量也最多(见第34页)。

通过收缩这部分肌纤维,可以使腹股沟韧带得到加强,并能收紧腹部下缘。

腹内斜肌可以分区域收缩。它可以只收缩肚脐以上的部分,也可以只收缩肚脐周围的部分,还可以只收缩骨盆边缘的部分。

因此,我们可以分区域、阶梯式地进行腹内斜肌收缩练习。

腹内斜肌对于腹腔脏器的作用主要是通过收紧腹部肚脐以上的部分实现的。腹内斜肌通常与其他腹肌同时起作用。

腹外斜肌

腹外斜肌在哪儿？

位置

腹外斜肌共两块，分布于腹部左右两侧。

在侧腹部的三块腹肌中，腹外斜肌位于最外层。

附着方式

上面与下八位肋骨外面相连。

下面与骨盆在髂嵴处相连。

腹外斜肌筋膜沿腹股沟韧带延伸。

腹外斜肌肌纤维（红色部分）包裹着侧腹部和下肋部，从后上向前下分布。

左右两侧的腹外斜肌筋膜在白线处交会。

腹外斜肌是如何作用于骨骼的？

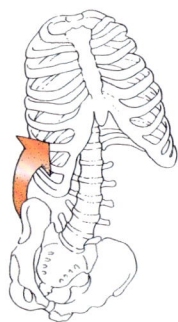

1

腹外斜肌上固定时，可以牵拉骨盆。

a）腹外斜肌可分别由左右两侧向上牵拉骨盆，使骨盆侧倾。

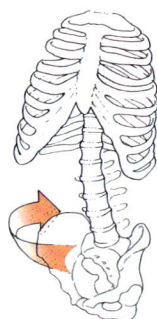

b）在收缩的一侧，腹外斜肌可以带动骨盆向后转动。

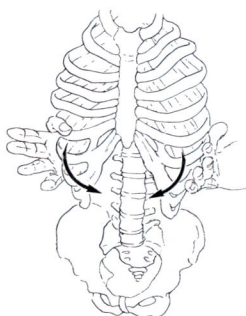

2

腹外斜肌下固定时，可以向内下方牵拉肋骨。 此时，胸廓会变窄。如果胸廓形状保持不变，腹外斜肌可以带动胸廓向前侧扭转。

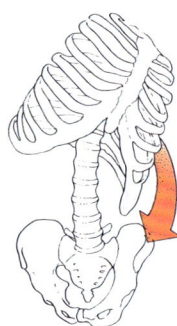

3

腹外斜肌下固定时，可以间接作用于脊柱。 当单侧腹外斜肌由侧面牵拉骨盆和（或）肋骨时，会造成腰椎侧屈，同时会让腰椎向后凸。双侧收缩，使躯干前屈。注意：该作用并不是直接起效的，因为腹外斜肌与腰椎没有任何直接连接。

腹外斜肌可以将骨盆侧倾，固定于某一位置，并阻止其恢复原位。

腹外斜肌可以将骨盆旋转，固定于某一位置，并阻止其恢复原位。

腹外斜肌可以将肋骨固定于某一位置，并阻止其恢复原位。（当肋骨下移时，会伴随有呼气的欲望。）

腹外斜肌可以将腰椎固定于某一位置，并阻止其恢复原位。

腹外斜肌在躯干两侧呈斜行分布，其一侧肌纤维收缩可以让同侧的躯干移动。

腹外斜肌是如何作用于腹腔脏器的?

腹外斜肌在腹部的不同部位作用方式不同。

1

腹外斜肌下部的肌纤维较长,因此作用也相对明显。通过收缩这部分肌纤维,腹外斜肌可以收紧腹部肚脐以下的部位。

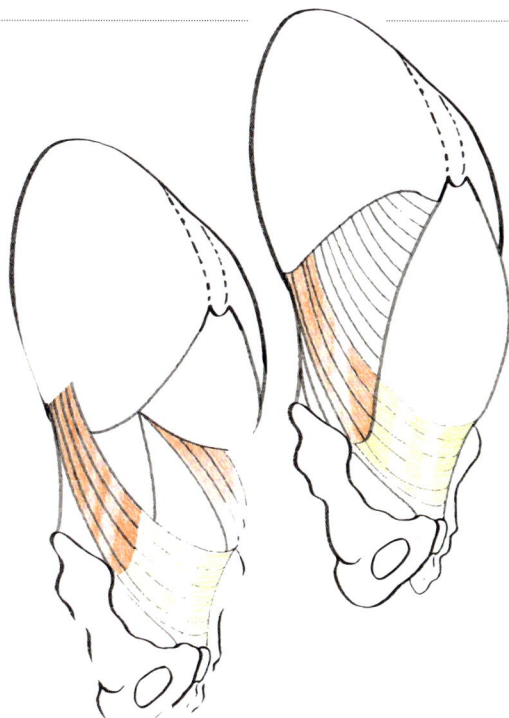

! 腹腔脏器不可压缩,因此体积不会发生改变。在腹外斜肌的作用下,腹腔脏器会改变形状并向上移动。

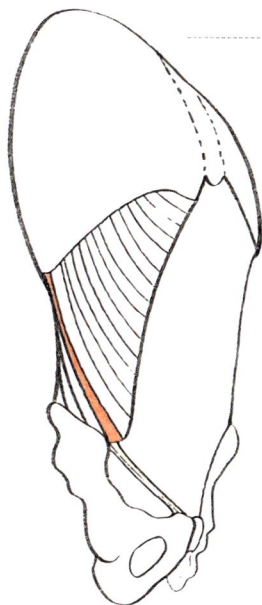

2

腹外斜肌最底部的肌纤维(从第9和第10肋起始的肌纤维)可以延伸到腹股沟韧带(见第34页),因此,有时腹股沟韧带会被认为是腹外斜肌的肌腱。这部分肌纤维收缩可拉紧腹股沟韧带,收紧腹部下缘。

腹外斜肌可以分区域地进行收缩。

例如,你可以只收缩位于侧腹部的腹外斜肌,也可以只收缩肋骨周围的腹外斜肌。

因此,我们可以分区域、阶梯式地进行腹外斜肌收缩练习。

单侧腹外斜肌收缩可以使腹腔脏器向对侧移动。

R 腹外斜肌收缩也可以让腹腔脏器向上移动。腹外斜肌通常与其他腹肌共同起作用。

2

关键概念解析

骨盆与腹股沟韧带

骨盆由四块骨组成，形似喇叭，是躯干的基座。

这四块骨分别是：两块髋骨、一块骶骨、一块尾骨。

当我们做手叉腰动作时，可以触摸到骨盆上缘，这个区域叫作髂嵴。髂嵴的前端微微突起，被称作髂前上棘。当我们坐在一张比较硬的椅子上时，可以感受到骨盆下部一个比较尖锐的部分，这个部分叫作坐骨。髋骨前面比较靠下的部分是耻骨。

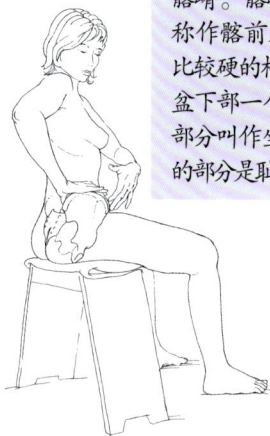

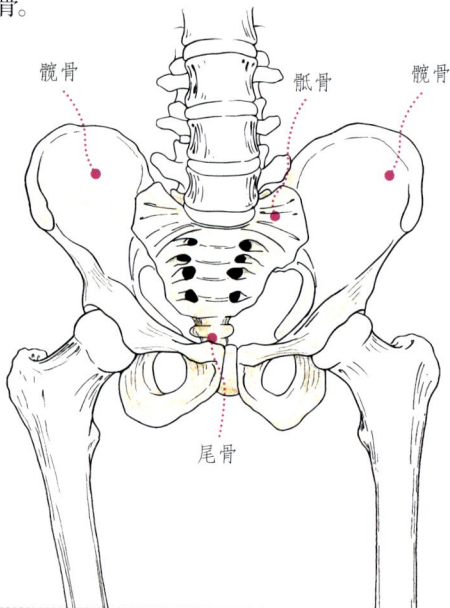

骨盆和腹肌

腹肌与骨盆上的骶骨和尾骨均无连接，仅与髋骨在某些位置上连接。

· 髂嵴：腹横肌、腹内斜肌、腹外斜肌与骨盆在此处相连；
· 耻骨：腹直肌与骨盆在此处相连。

在"动作说明"中，"耻骨"一词多指耻骨及其附近区域，这个区域泛指左右两侧髋骨前部以及连接这两块髋骨的纤维软骨。

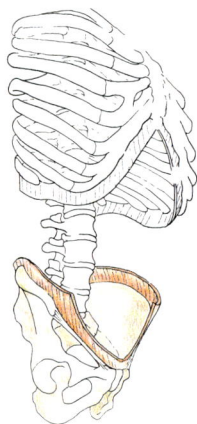

腹股沟韧带

这是一条纤维性的带状物，连接于髂前上棘与耻骨之间，是腹横肌、腹内斜肌、腹外斜肌的腱膜反折增厚形成的。

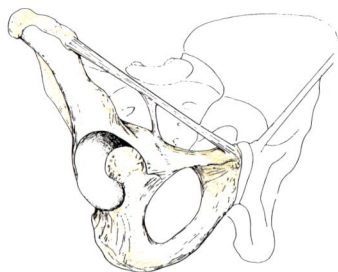

腹横肌肌纤维只延伸到腹股沟韧带中部。腹内斜肌肌纤维延伸的距离较远，止于耻骨。男士的腹内斜肌肌纤维一直延伸至阴囊，并参与形成提睾肌。腹外斜肌肌纤维止于髂前上棘和腹股沟韧带。

腹肌是如何带动骨盆活动的?

骨盆的部分活动是腹肌直接带动的。

骨盆前倾并非由腹肌带动。

1
骨盆后倾

髂嵴向后移动，髂前上棘也向后上方移动。骨盆后倾时，通常伴随着腰椎的后凸。**腹直肌是该动作的主导者。**

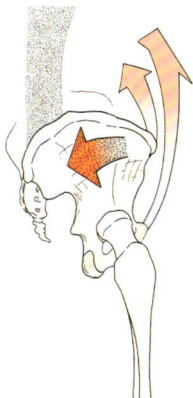

2
骨盆侧倾

骨盆向左右两侧倾斜。

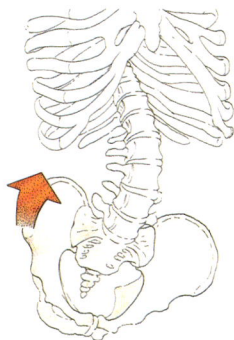

3
骨盆转动

骨盆沿顺时针方向或逆时针方向转动。**骨盆侧倾和骨盆转动主要由腹斜肌带动。**

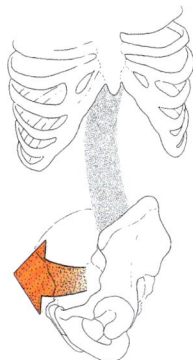

该动作要求髂嵴和髂前上棘向前下方移动。骨盆前倾时，腰椎会前凸。腹肌（特别是腹直肌）可以通过牵拉骨盆来抑制骨盆前倾。

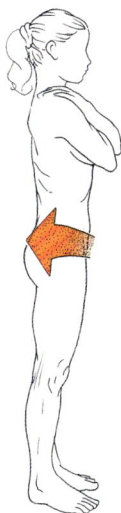

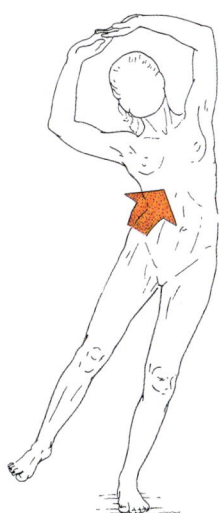

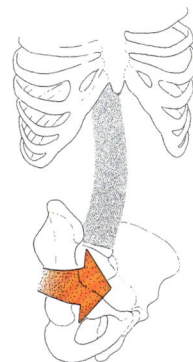

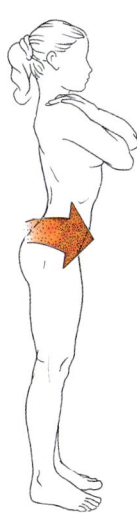

脊柱与腰椎

脊柱

脊柱是人体骨骼的中轴线，由24块椎骨、1块骶骨和1块尾骨构成。脊柱与头、胸廓和骨盆相连。脊柱有三个肉眼可见的生理弯曲。

脊柱上共有74个关节（包括23个椎间盘），关节结构精巧复杂。脊柱既是整个躯干强健有力的支柱，同时，因为有数量繁多的肌肉可以固定或带动脊柱上的各个关节活动，因此也是躯干上一条灵活机动的铰链。

腹肌既可以固定脊柱又可以带动脊柱活动。腹肌可以对腰椎和下部胸椎起作用，但这些**作用并非直接起效的，**因为腹肌和脊柱之间没有直接连接，腹肌是通过带动骨盆或胸廓活动而间接对脊柱活动产生影响的。

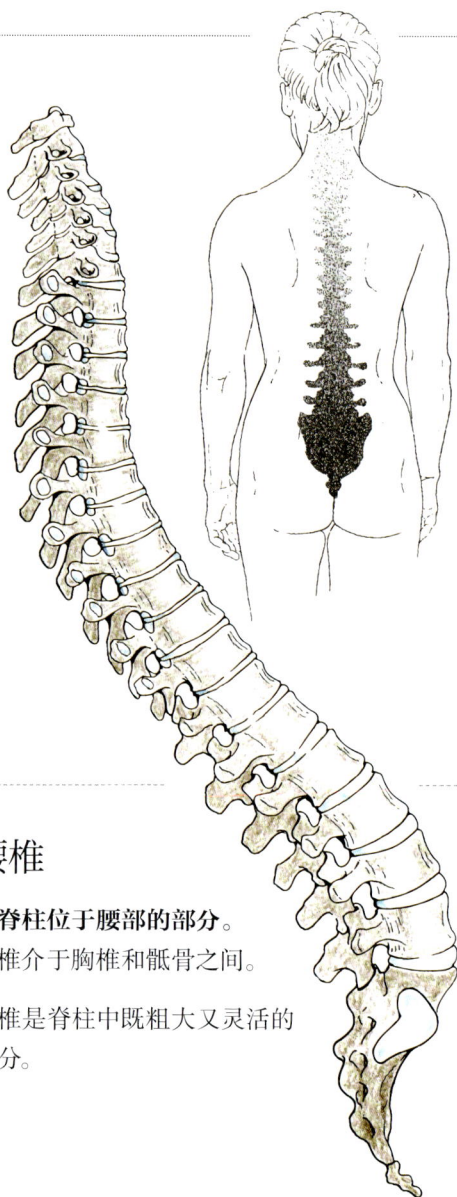

腰椎

即脊柱位于腰部的部分。
腰椎介于胸椎和骶骨之间。

腰椎是脊柱中既粗大又灵活的部分。

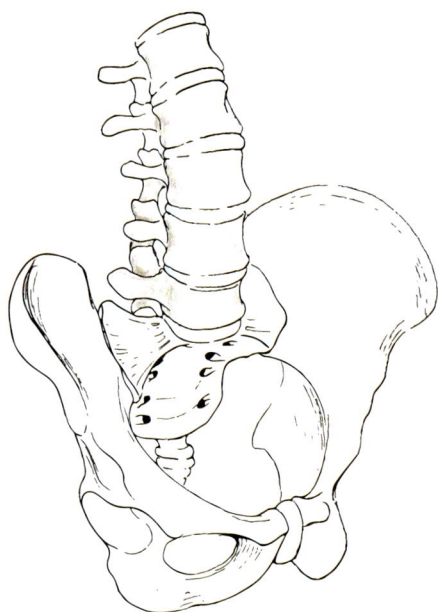

腰椎是最容易产生疼痛感的椎体区域。特别是第5腰椎和骶骨之间以及第4腰椎和第5腰椎之间，因为这两个区域承受的压力很大。

腰椎的活动

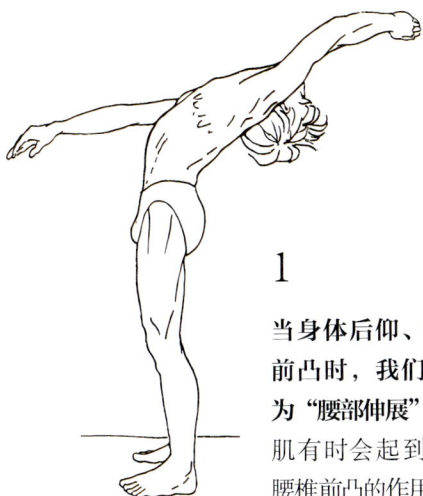

1

当身体后仰、腰椎前凸时，我们称之为"腰部伸展"。腹肌有时会起到防止腰椎前凸的作用。

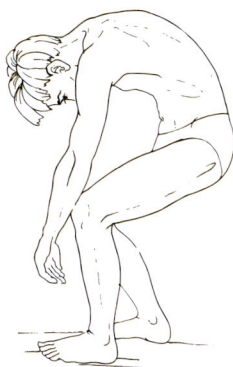

2

当身体前倾、腰椎后凸时，我们称之为"脊柱后凸"。这一动作，下部腰椎的活动幅度有限，越往上动作幅度越大。

下部腰椎（即第4和第5腰椎）在腰部伸展时较为灵活。第1腰椎和第11以及第12胸椎活动性很强，在腹肌的带动下，屈身时，这个区域会最先弯曲。

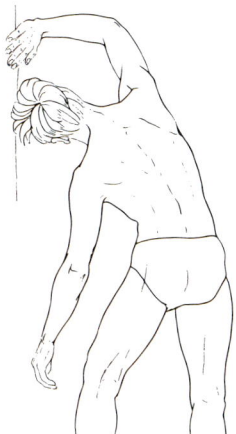

3

当腰椎向一侧弯曲时，被称作"脊柱侧弯"。最下面的两节腰椎（即第4和第5腰椎）因为韧带的牵制，无法侧弯。

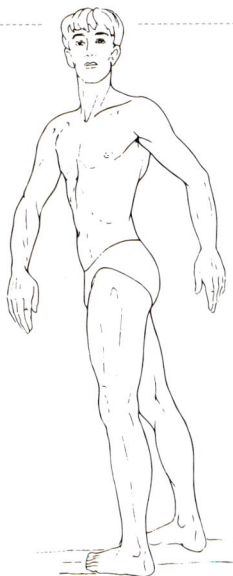

4

脊柱绕其中轴旋转被称作"脊柱回旋"。受到腰椎椎骨形状的限制，腰椎部位几乎无法回旋。自第11或第12胸椎往上可以进行回旋。

腹肌对腰椎的作用可以扩展至下部胸椎。
在进行屈身动作时，动作幅度最大的区域位于胸椎和腰椎的连接处（第10胸椎至第2腰椎）。
在进行侧弯动作时，弯曲动作开始的部位会低一些。
在进行回旋动作时，腰椎几乎无法旋转，自第11或第12胸椎往上可以进行回旋。

椎间盘是什么？

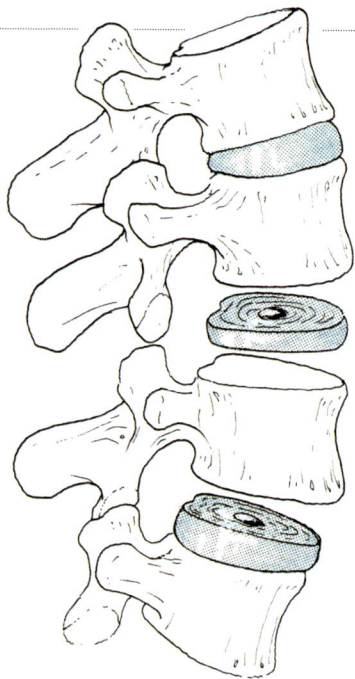

椎间盘是相邻椎体间的软骨连接。

椎间盘的上下表面形似横着切开的洋葱。椎间盘由位于中心部位的髓核及其周围的纤维环构成。髓核略呈胶质，纤维环是一圈一圈呈同心圆排列的纤维软骨环。

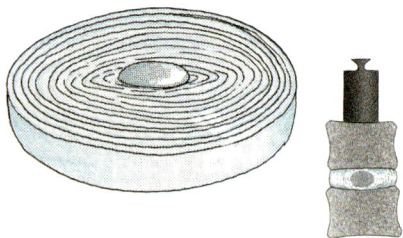

! 会造成腰椎间盘压力过大的运动有身体过度后仰、脊柱前倾状态下进行的仰卧起坐（见第84~87页），以及举腿过程中骨盆发生位移（见第96页）和转体动作（见第108页）。

椎间盘的作用：便于椎骨活动；减轻及缓冲头部、躯干等部位的重量造成的压力。

椎间盘的位置越低，所承受的压力越大。

椎间盘容易受损，而且损伤后无法自行修复。因此，**应尽量避免椎间盘的损伤**，特别是腰椎间盘。

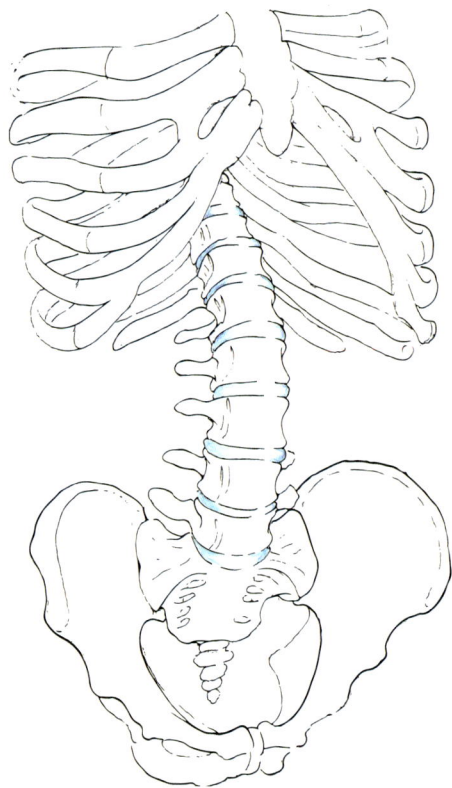

R 在进行腹肌练习时，尤其是进行那些可能会挤压到椎间盘的动作时，一定要小心。

背肌是什么?

背肌是指背部的肌肉,包括背深肌(如图1所示,位于皮下较深的位置)和背浅肌(位于皮下较浅的位置,如图2中的背阔肌)。

背肌的作用总体来说与腹肌相反:

·大部分背肌可使骨盆前倾;
·背肌收缩会使**脊柱后伸**。

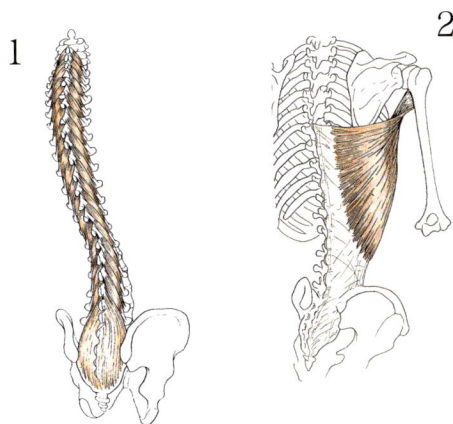

脊柱前凸状态下的腹肌与背肌

对于腰椎来说,保持轻微的生理性前凸是必要的。这也是为什么收紧腹肌时应尽可能地维持脊柱前凸的状态,这样做可以使腹肌在躯干中保持合适的位置,不会过度挤压脊柱或胸廓。这一点在持续呼气时尤为重要,如不停地吹奏乐器时。

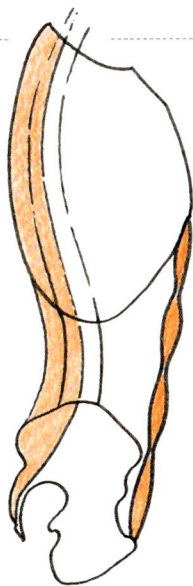

腹肌和背肌参与固定骨盆

在举腿(见第94~97页)等练习中,需要保持骨盆处于中立位,既要防止其前倾(腹肌的作用),又要防止其后倾(背肌的作用)。腹肌和背肌在固定骨盆时,有时同时起作用,有时相继起作用。

只要情况允许,都应在收紧背肌的同时收紧腹肌。某些腹肌练习,除了会动用腹肌,还会调动背肌,以保证骨盆位置不变。

胸廓是什么?

胸廓是位于胸部和上腹部的骨架结构。

胸廓由12块胸椎、12对肋骨和肋软骨、1块胸骨以及关节和韧带装置构成。

肋骨是一种扁平、弯曲的骨骼。

胸廓前部由**肋软骨**和**胸骨**构成。

肋骨在背部与胸椎相连。胸椎共12块,胸椎之间由关节连接。

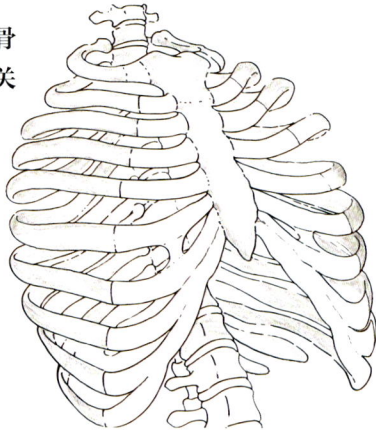

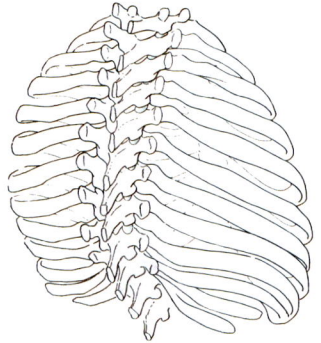

胸廓有比较大的活动范围。在进行腹部运动时,时而需要活动胸廓,时而需要将其固定。

通过牵拉胸骨和肋骨,腹肌可以使胸廓变形。

在进行腹部运动时,有时需要让胸廓的形状保持不变,此时就需要借助某些外力了。

这个外力通常来自肋间肌。

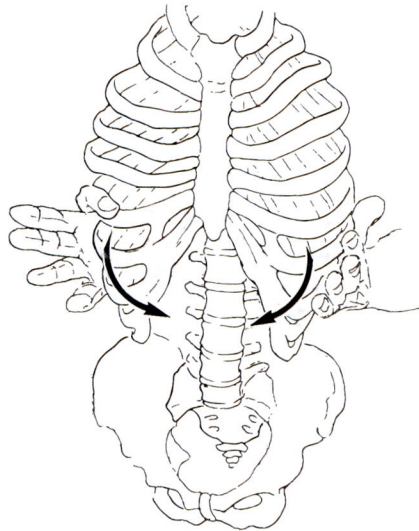

R

腹肌只能向下牵拉胸廓。
一旦这个方向上的牵拉作用开始:
· 会产生呼气的欲望(此时腹肌即为呼气肌);
· 腰椎会向后凸;
· 腹腔脏器会向下移动,下腹部隆起。

膈肌是什么？

膈肌是一片纤薄的肌肉，像教堂的穹顶一样在**胸腔与腹腔**之间铺展开来，是胸腔的底和腹腔的顶。膈肌与胸廓内壁相连。

膈肌是**人体中最主要的吸气肌**。膈肌**收缩时位置会下降**，此时，**胸腔压力变小**，外界的空气被压入肺内，这就是吸气动作。

膈肌收缩会导致腹腔脏器下移，下腹部隆起。

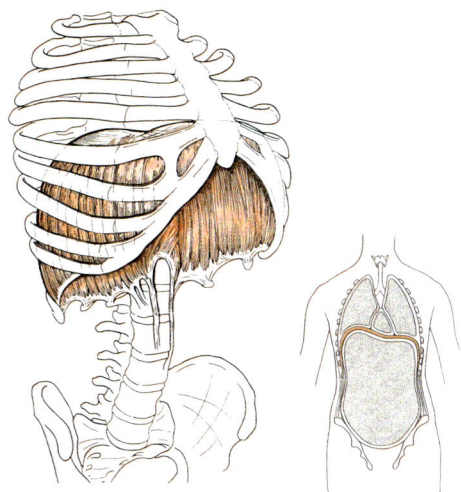

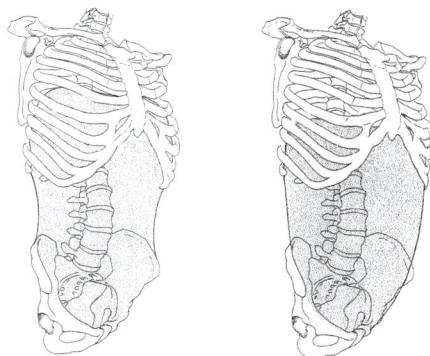

膈肌松弛   膈肌收缩

以这种方式吸气时，膈肌的作用与腹横肌的作用相反：当腹横肌放松时，膈肌收缩。这就是众所周知的"膈式吸气"，也被称作"腹式呼吸"。

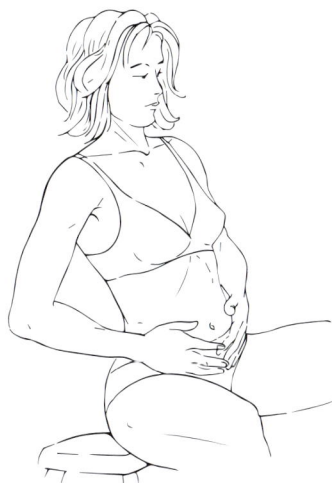

膈肌收缩期间，腹肌也可以处于收紧状态。但是，这会导致膈肌无法下降，膈肌的中心部分位置不变。
此时，膈肌会牵拉肋骨向上移动，使肋间距增大（这种情况下，腹部不会隆起）。

膈肌和腹肌的协作方式多种多样。
需要记住的是，膈肌和腹肌通常会相互协作、共同作用。

声门是什么？

声门是位于声带间的区域。**声带**在甲状软骨（喉结）内侧。

两片声带可以分开（呼吸时），也可以两相接触（发声时），有时甚至可以**紧密接触——两片声带紧紧地靠在一起**（当我们想阻断空气在此处的流动时，便会进行这样的动作，比如咳嗽前或是打嗝的时候）。

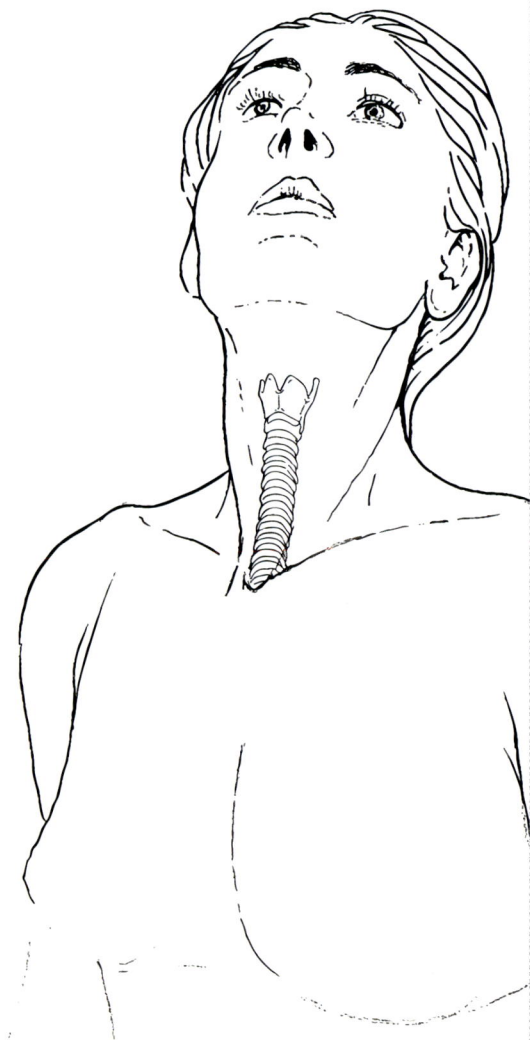

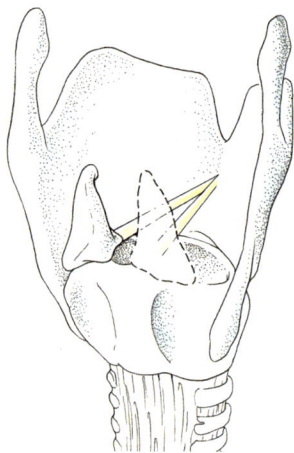

在高强度的腹肌训练中，有时会在**声门紧闭**的同时继续将空气推向声门（即"声门击振"），这可以使**胸廓**在剧烈运动过程中**保持扩张**。但是，这也会在声门以下积聚压力，**这股压力会**向相反的方向**回流，即向下回流到腹部和（或）**盆底。

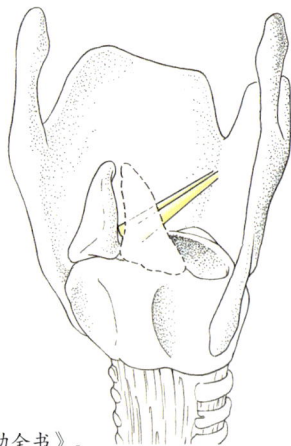

*更多有关声门和声带的介绍请参考本书作者的另一部著作《呼吸运动全书》。

疝是什么？

疝是指人体内某个脏器或组织离开其正常解剖位置，通过薄弱区进入另一部位。

在腹部，疝很常见，因为腹腔脏器经常处在承压的状态下。盆底区域出现的疝被称作"脱垂"。

股疝

腹肌在其下缘与一块纤维性带状物相连，即腹股沟韧带。

腹股沟韧带下方有个缺口，相关组织（如股静脉、股动脉和股神经）会从这个缺口中通过。

腹股沟韧带中部通过另一节韧带与骨盆连接，以免其离骨盆太远。在腹股沟韧带之下的缝隙中有一个缺口，小肠上的某些部分偶尔会从这个缺口中凸出来，形成股疝。

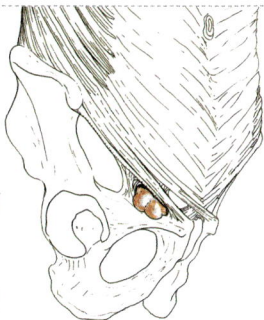

腹股沟疝

腹肌与腹股沟韧带上缘相连。在耻骨结节外上方有一个裂口，这就是腹股沟管浅环。骨盆内的某些组织会穿过腹股沟管浅环凸出到骨盆外：

· 对于男性，这些组织可能是精索；
· 对于女性，这些组织可能是子宫圆韧带。

腹股沟管浅环是由三层扁肌叠放形成的裂隙构成的。此处为腹壁下部的缺口，小肠的某些部分会由此凸出形成腹股沟疝。

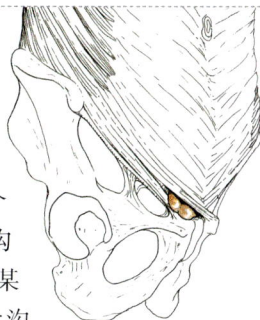

白线疝

当白线绷紧时，上面可能会出现某些薄弱点，有时甚至会是一些小的缺口。小肠的某些部分会由这些薄弱点或缺口凸出来，形成白线疝。

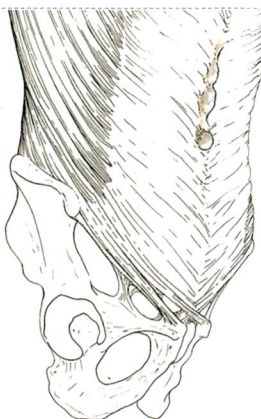

脐疝

当肚脐周围的白线绷紧时，由于腹腔压力的作用，腹腔内容物从脐部薄弱区凸出于腹壁之外，这种情况被称为"脐疝"。

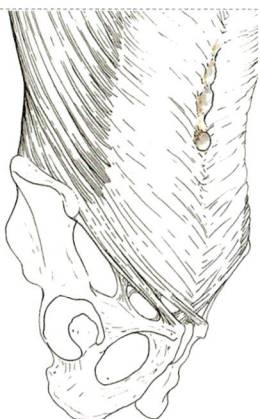

腹腔压力增大是造成疝的主要原因。

盆底

盆底**位于躯干最下部**。

这一区域由多种结构构成：皮肤、肌肉、脂肪、内脏（膀胱、直肠及女性体内的子宫和阴道）、韧带、血管和神经等。"盆底"可用来指代整个部位，也可用来指代介于躯干最下方的内脏和皮肤之间的结构。

盆底肌

盆底肌是封闭骨盆底的肌肉群。

盆底肌就像一张吊网，尿道、膀胱、阴道、子宫、直肠等脏器被这张"网"兜着，从而维持其正常位置并正常行使功能。

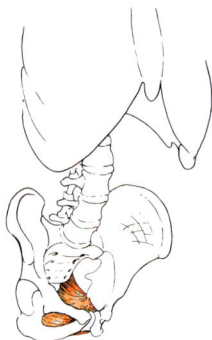

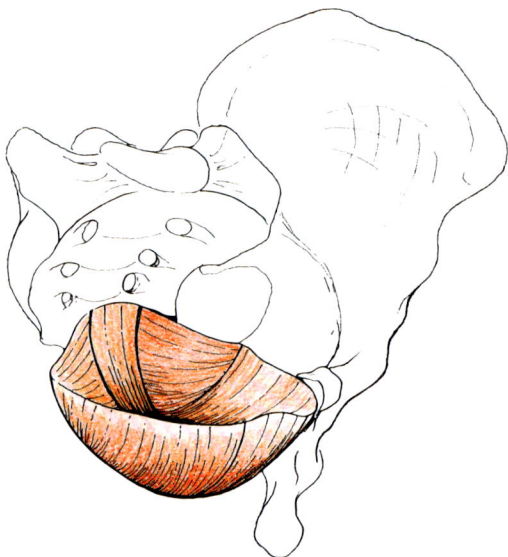

小骨盆

骨盆被经过骶骨岬和界线的斜面分为上下两部分。

骨盆上部宽阔、开放，被称为"大骨盆"；骨盆下部较窄小，被称为"小骨盆"。小骨盆内有直肠和泌尿生殖器官。

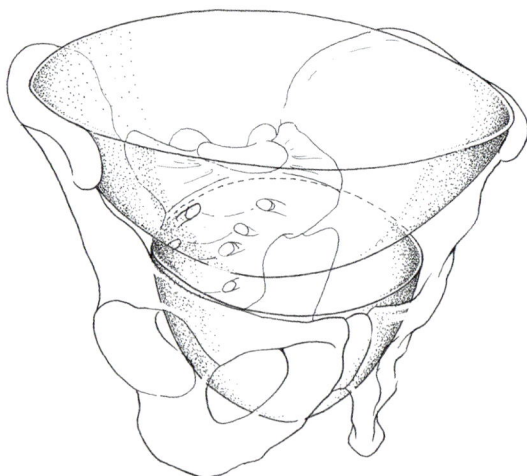

*欲了解更多细节，请参看本书作者的另一部著作《盆底运动解剖书》。

盆腔脏器脱垂和尿失禁

盆腔脏器脱垂

盆腔脏器脱垂是指小骨盆内的脏器离开其正常位置,部分或全部下垂脱出。

女性小骨盆内的三种脏器(膀胱、子宫、直肠)可能会出现脱垂的情况,这通常是由韧带损伤造成的,也可能是因为支撑这些脏器的肌肉无力造成的。

对盆底过度施压可能导致盆腔脏器脱垂。 日常活动就会给盆底造成压力,因此,在腹肌训练时**应避免再给盆底施加额外的压力。**

尿失禁

尿失禁是指无法抑制排尿的现象。

尿失禁的形式多种多样,常见的有以下两种。

· **压力性尿失禁:** 是指腹压增高时出现的尿液不自主溢出。这是最常见的尿失禁,多见于40岁以上、盆底在怀孕和分娩过程中受过损伤的女性。
· **急迫性尿失禁:** 是指当有强烈的尿意时不能由意志控制而尿液经尿道流出。急迫性尿失禁多见于老年人。

除此之外,还有充溢性尿失禁和功能性尿失禁。

R

腹肌训练强度过大会造成盆底承受的压力过大,这会导致尿失禁的发生。因此,在进行腹肌训练时,我们需要:
· 根据盆底状况合理调整训练强度。如果盆底比较脆弱,应当避免高强度训练,特别要注意避免那些会增大腹压的动作。
· 腹肌训练需兼顾对盆底的保护。

其他关键概念

肌肉酸痛

指在突然进行某些强度过大的重复运动后一块或一组肌肉酸痛不适的情况。肌肉酸痛一般出现在训练后第二天。导致肌肉酸痛的原因多种多样，最常见的是热身不充分，肌肉在训练中产生的代谢废物未能及时排出。

肌肉痉挛

肌肉痉挛通常发生在运动过程中，是由肌肉血液循环不畅导致的。肌肉在等长收缩（即等长收缩）、长时间收缩或强烈收缩时容易出现痉挛的现象。

血管分布

指体内某一区域内的血管分布（即血管网络）及其内部循环（即流量），如静脉和动脉中的血液循环、淋巴管中的淋巴循环等。

通过训练强健腹肌固然重要，但不要忘了让腹肌训练有利于肌肉内的循环。这样既可以保持肌肉营养状态良好，又可以避免肌肉酸痛和肌肉痉挛。

肌肉内的良好循环可以通过以下方式来实现：

· 经常变换动作方向，这样可以分层调动肌肉；
· 在训练过程中，经常变换肌肉的拉伸度。

筋膜

筋膜是一种纤维结缔组织，它广泛分布于身体各处，其最主要的功能是包裹、分隔如内脏或肌肉等柔软的人体组织。

筋膜几乎没有弹性，也无法收缩。筋膜可以将肌肉收缩的效果延伸到较远的地方。腹部扁肌就属于这种情况，扁肌上的红色肌肉纤维（可收缩部分）在前端由白色纤维网延伸。这种肌肉上特有的筋膜有时会被称作"腱膜"。

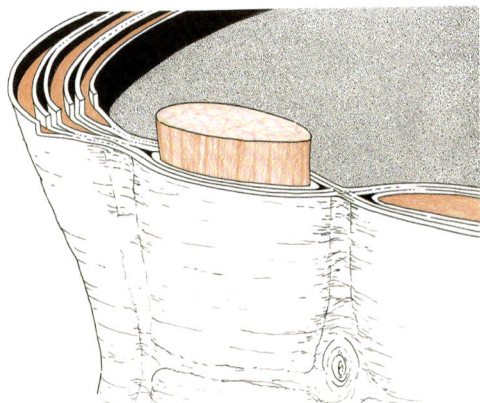

腹肌是如何牵拉白线的?

1

腹部两侧的腹肌将它们的筋膜向外侧牵拉。筋膜本身无法缩短, 也无法被拉长。在肌纤维的牵拉下, 筋膜可以**铺展**开来。

当腹部两侧的腹肌同时收缩时, 它们会将白线右侧的筋膜向右牵拉, 将白线左侧的筋膜向左牵拉。**白线因此会被朝两个相反的方向撕扯。**

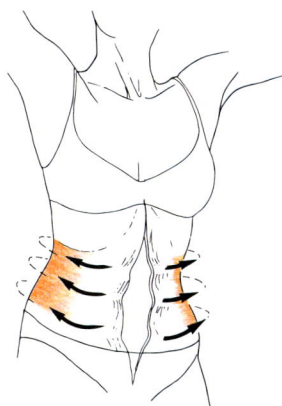

腹横肌收缩时, 会横向牵拉腹部筋膜, 继而使白线张开。这类似于我们从两侧用力打开对开的推拉门。

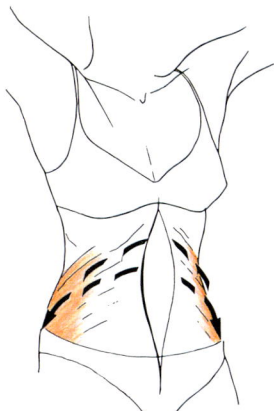

腹斜肌收缩时, 会向斜下方或斜上方施力牵拉腹部筋膜, 继而使白线张开。

·腹内斜肌主要作用于白线上部

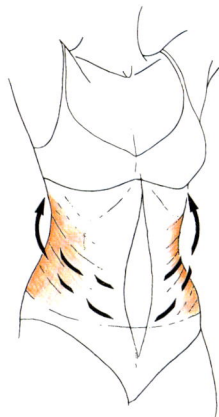

·腹外斜肌主要作用于白线下部

因此, 腹外斜肌、腹内斜肌和腹横肌收缩均可使白线绷紧; 当这三对肌肉共同收缩时, 力量会更大。当我们试图边呼气边使腹部隆起时, 这股力量会达到最大, 因为此时是腹横肌起决定性作用, 而腹横肌是腹部三对扁肌中对白线牵拉作用最大的一组肌肉。

2

腹直肌的肌纤维**与白线平行**, 腹直肌收缩无法向两侧牵拉白线。

腹部三对扁肌的收缩可以向两侧牵拉白线。
腹直肌是唯一一对无法向两侧牵拉白线的腹肌。

3

建立腹部训练的
正确认知

腹肌训练的影响

假象

人们总是很自然地将腹肌训练与平坦的腹部联系在一起，认为通过腹肌训练必然会使腹部变得平坦。然而，事实并非如此！

建立正确的认知

腹肌训练与平坦的腹部之间并不存在必然的联系

某些腹肌训练会使腹部外凸（见第52~53页）

不收缩腹肌也可以产生收腹的效果（见第54页）

某些腹肌训练会使腰身苗条但不会让腹部平坦（见第55页）

一直收缩腹部不一定是好事（见第56页）

平坦的腹部不只与腹肌相关（见第59~63页）

为了拥有平坦的腹部，需要采取特定的腹肌训练法（见第65~69页）

某些腹肌训练会导致腹部外凸

1

所有使**躯干弯曲**的动作都会使腹部外凸。

当我们像图中那样弯曲脊柱时，会导致腹腔脏器向前移动。

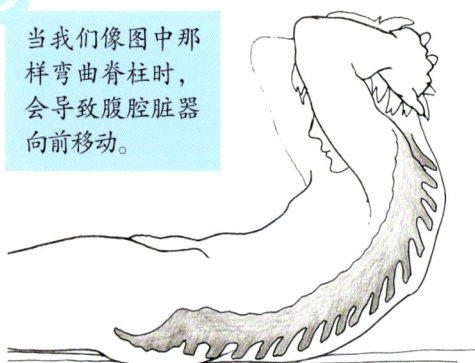

2

所有可以**压低胸廓**的动作都会使腹部外凸。

此动作会将位于胸腔下部的脏器向下挤压，导致其堆积于腹部。

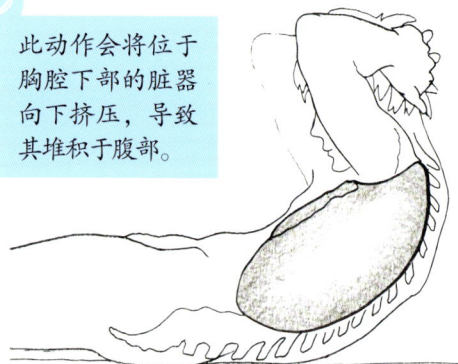

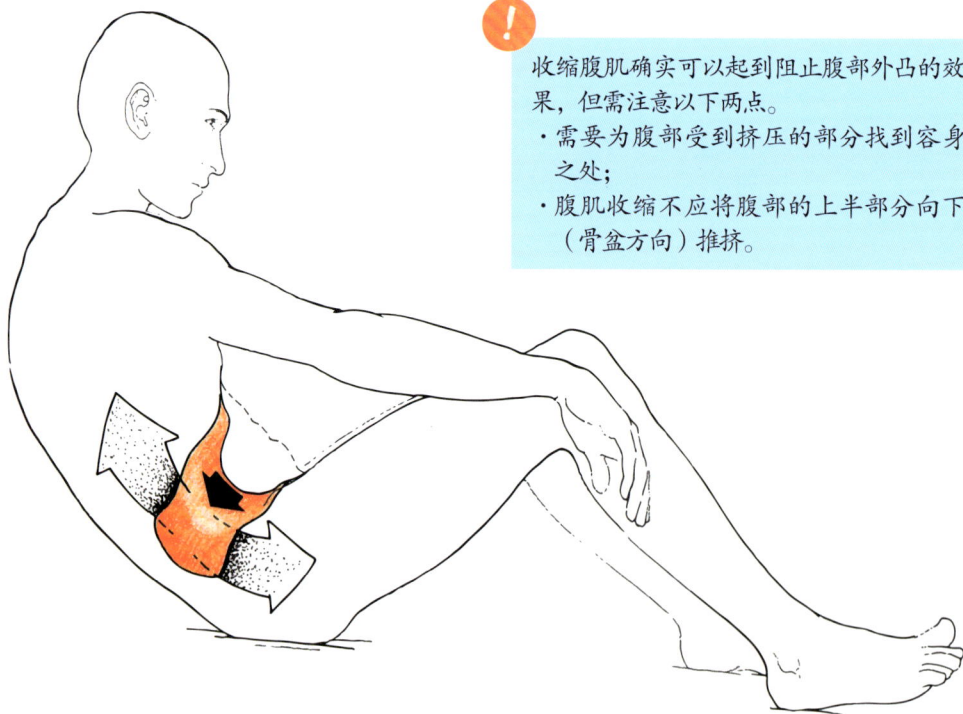

收缩腹肌确实可以起到阻止腹部外凸的效果，但需注意以下两点。
· 需要为腹部受到挤压的部分找到容身之处；
· 腹肌收缩不应将腹部的上半部分向下（骨盆方向）推挤。

3

在腹肌训练中，所有使**声门紧闭**的动作都会导致腹部外凸。

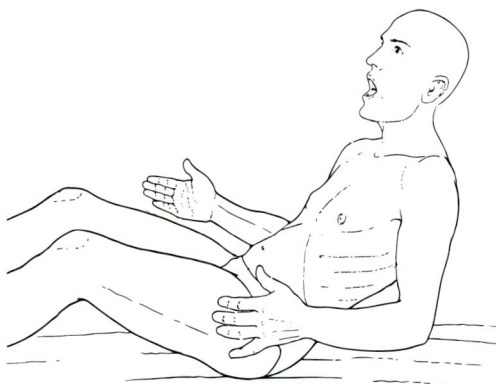

4

有时，当动作幅度加大时，我们**会在关闭声门的同时向下用力**（这是膈肌的作用）。此时，腹部会外凸。

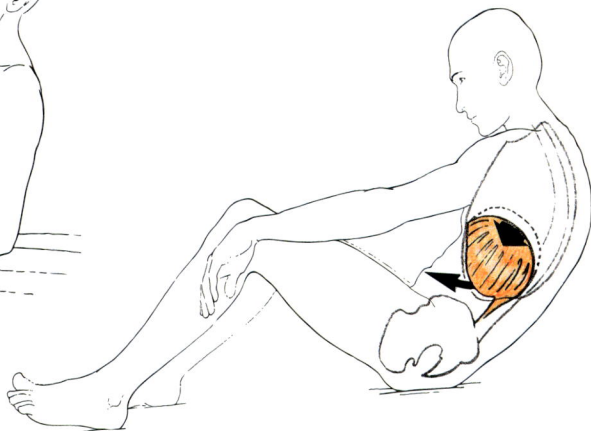

在进行高强度的腹肌训练时，为了让动作更容易完成，人们会倾向于将声门关闭。这会对腹部产生强大的压力，会导致腹部外凸。

腹肌训练经常要求人们收腹，同时深呼吸。这些动作需要腹横肌的参与。

但是，如果不明确指出需要将腹部的哪一部分向哪个方向收缩，人们就会不自觉地将腹部收缩成沙漏形，即仅收缩腰部及腰部以上的部位。此时，以"沙漏"直径最小的部分为界，腹腔脏器会被向上和向下挤压（向下挤压更严重）。

5

那些**仅需调动腹横肌、局限于腰部**的动作也会使腹部外凸。

! 仰卧起坐练习（见第77～89页）兼具上述各方面表现。

不收缩腹肌也可以产生收腹的效果

要想达到不收缩腹肌也可以收腹的效果，你需要充分扩张胸廓。

当我们如下图所示（左侧的女性图）将肋骨向两侧打开时，胸腔会像一个吸盘一样，将腹腔脏器向上"抽吸"，使腹部凹陷。这个动作类似于借助腹肌进行的收腹动作，但不论腹肌是否参与，该动作均可进行。

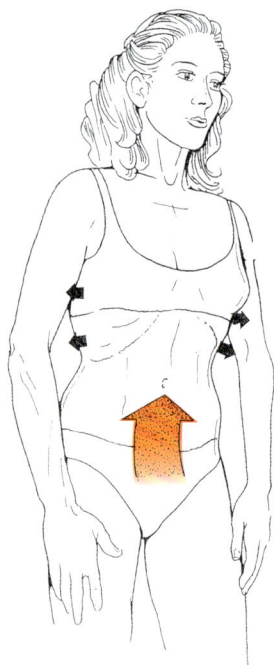

扩胸也可以借助上举双臂或挺直脊柱来完成。动作的同时可以伴随一次吸气，也可以屏息。

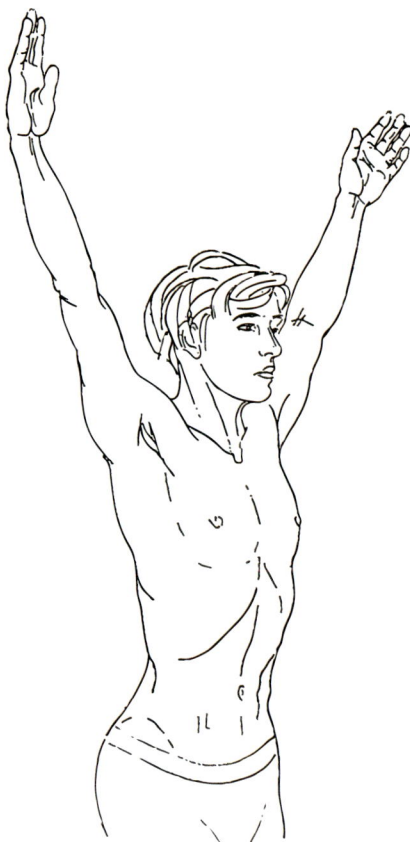

仰卧姿势下，上举双臂收腹效果更明显。

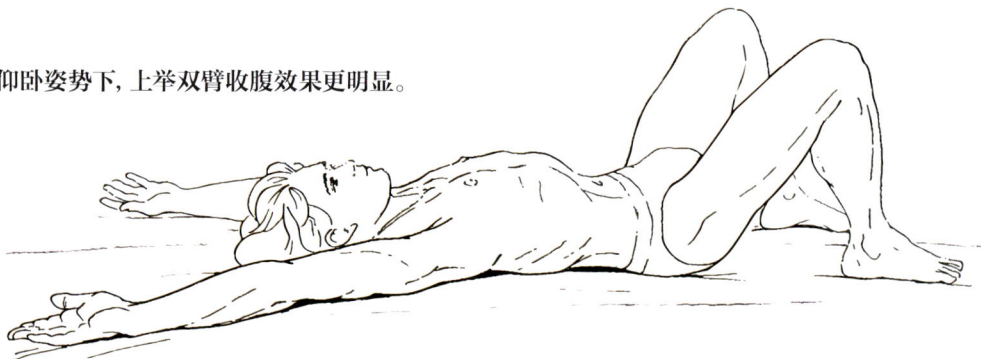

使腰身苗条不等于使腹部平坦

只收缩腹横肌会使腹部直径变小。**在腰部**，即肋骨与骨盆之间，**该作用最为明显**，因为那里的腹横肌肌纤维最多也最长。

收缩腹横肌很容易使腰身变细，使腹部呈沙漏形（类似于"蜂腰"效果）。此时，腰部收紧，直径变小，但其内部包裹的内脏体积并无变化，只是形状和位置发生了改变。这些内脏会以"沙漏"最细的部分为界，分别向上和向下移动，而向下移动更为明显。因此，在"沙漏"最细的部分以下，很可能出现向外膨隆的小肚子。当身体直立的时候，这一现象尤为明显。

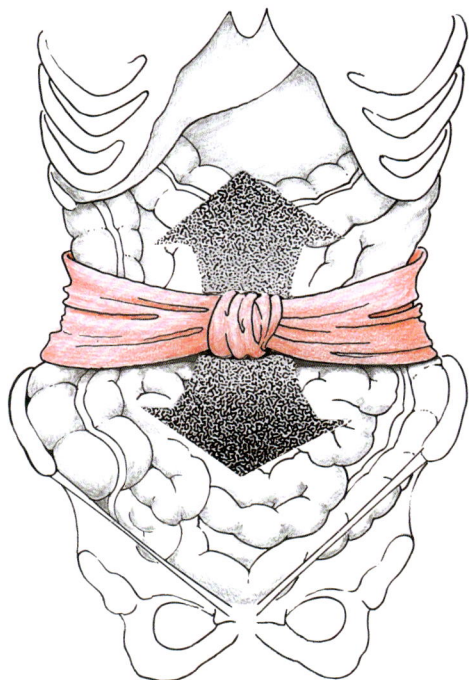

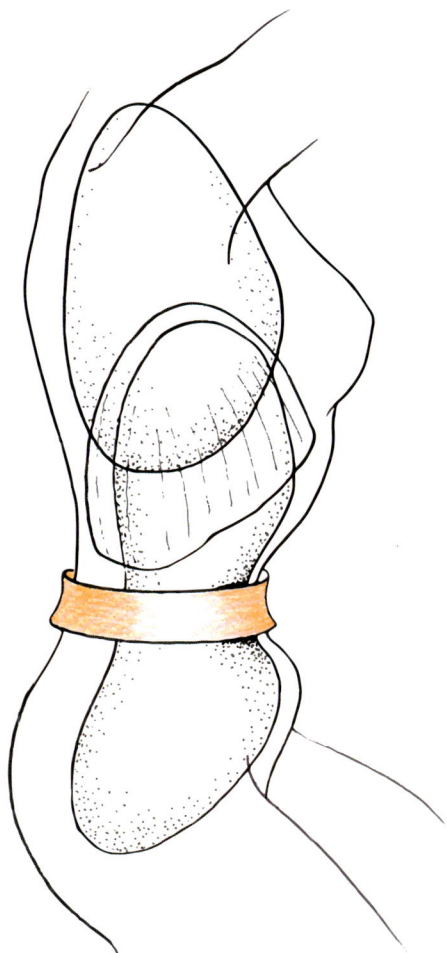

当你将腰带扎得过紧时，就会出现上述情况。腹横肌在腰带部位的收缩，使得腰部出现一条"束带沟"。通常情况下，在这条"束带沟"之下，小腹会向外膨隆。

一直收腹不一定是好事

腹肌是腹壁的组成部分，腹壁包裹着腹腔脏器。腹腔脏器肩负着保障人体消化、循环、排泄等不同的生理功能。

不同的腹腔脏器根据其各自的节奏进行工作。腹腔脏器的运动能力被称为"运动机能"，比如肠道可以靠肠壁的依次收缩将内容物缓缓向前推进。

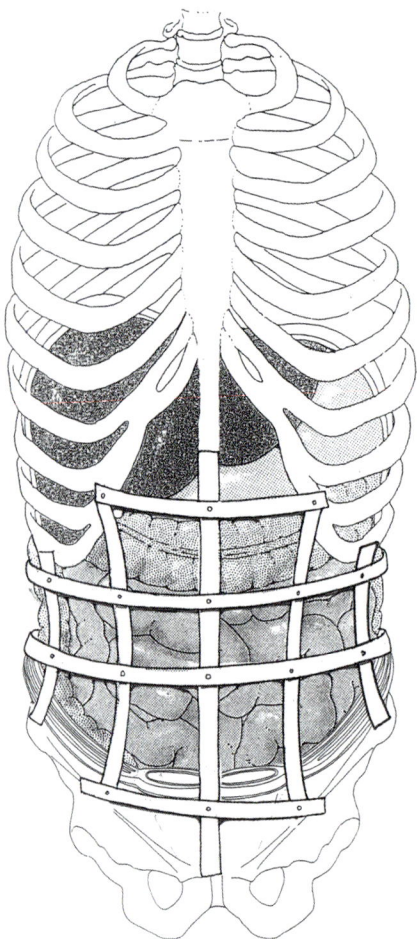

因此，要想促进消化，应做到以下两点。

· 适当运动。这样可以促进肠蠕动。身体姿态的简单变化即可对肠道的运动机能起到锻炼作用。如果想让肠道的锻炼方式略加丰富，你可以选择腹肌训练。

· 每天让腹肌适时放松。甚至需要对收腹和放松腹部以及使腹部外凸的体态给予同样的重视。主动放松腹肌可以让腹腔脏器更加自如地实现其运动机能。特别是在餐后，如果条件允许，请一定要保证腹部肌肉放松！这在工作日可能并不总是容易做到，那么在休息日或假期，请尽量安排。

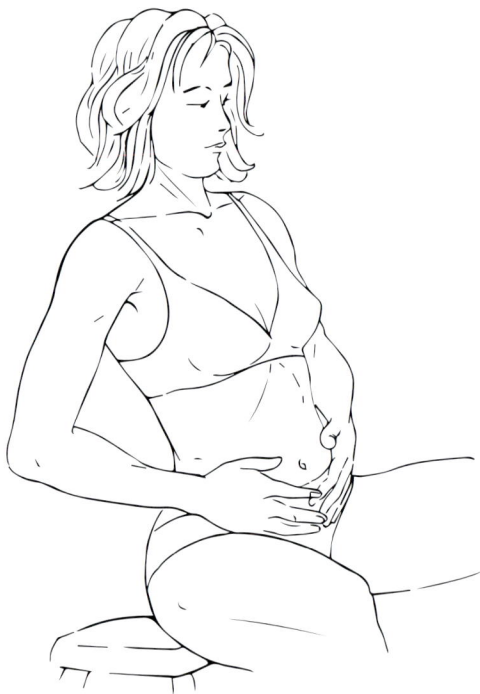

持续收腹会限制腹腔脏器正常运动机能的实现，从而影响其生理机能。

收腹对盆底和前列腺的影响

收腹会导致盆底压力增大

要想收平腹部, 需要收缩所有的腹肌。此时, 腹腔脏器无法向前移动, 其向上和向下的移动会对盆底施加更大的压力。

在收腹状态下**进行腹式吸气**, 此时无法通过鼓胀腹部来为膈肌下降提供空间, 腹部被挤压的脏器会分别向季肋部和盆底方向移动。由此, 该动作也会造成盆腔脏器承压加大。

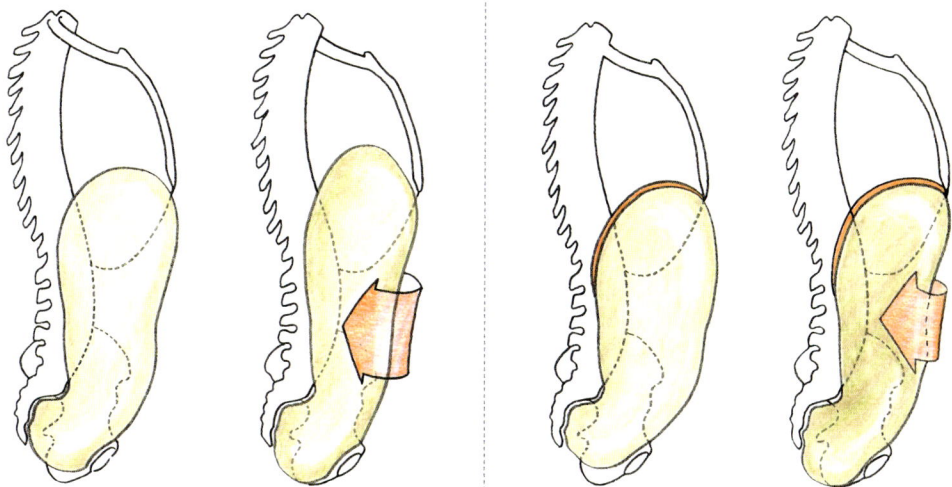

持续收紧腹部会挤压前列腺

与女性盆底肌结构不同, 男性盆底肌没有缝隙, 是完全封闭的。因此, 与女性不同, 腹压增大不会导致男性腹腔脏器脱垂。

男性盆底肌面积较小, 因此不容易变形。男性盆底结构在受到因腹肌训练而产生的压力时, 会自动将其原封不动地向反向传导回去, 这会导致前列腺被挤压。

收腹使盆底压力增大

对于男性来说, 在进行腹部运动时, 应尽量通过扩胸或者上提肋骨来减小作用于盆底的腹压。对于女性来说, 不应抵触这种压力回弹的感觉, 而应尝试寻找盆底肌紧绷的感觉。

平坦的腹部与凸出的腹部

这不仅与腹肌有关

有利于腹部平坦的主要因素	造成腹部外凸的主要因素
腹部皮下脂肪很少	腹部皮下脂肪过多
腹腔脏器间的脂肪（腹膜外脂肪）很少	腹腔脏器间的脂肪（腹膜外脂肪）过多
胸式吸气	腹式吸气
腹式呼气	胸式呼气
腹部不受来自胸部的挤压	腹部承受来自胸部的挤压
腹部不受来自脊柱的挤压，肋部与骨盆保持一定距离	腹部承受来自脊柱的挤压
腹肌强健有力	腹肌无力
腹肌间协作良好	腹肌间缺乏协作
肠道通畅	肠胀气

脂肪与平坦的腹部

脂肪极易在腹部堆积。

为了减掉脂肪, 你可以:

· 调整饮食(节食,但要注意膳食平衡)

· 锻炼(包括腹肌训练,可燃烧脂肪)

· 进行外科手术(通过吸脂手术移除脂肪)

根据脂肪堆积的位置采取针对性的训练。

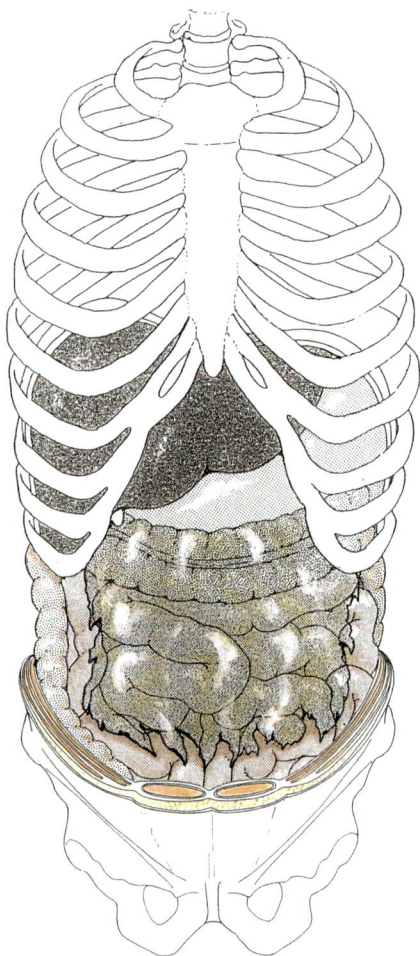

针对内脏间的脂肪

腹腔脏器均被包裹在一种被称作腹膜的薄膜中。腹膜在肠胃之间有多处褶皱,在肠道前侧,腹膜形成的褶皱被称为大网膜。

脂肪经常在大网膜处堆积,或者在腹膜褶皱折叠最深的位置堆积。

为了减掉这部分脂肪, 你可以:

· 进行针对内脏的健身运动,让内脏动起来;
· 进行专门针对内脏的按摩。

针对皮下脂肪

皮肤分两层——表皮和真皮。
· 表皮。表皮是看得见、摸得着的皮肤,是外层的皮肤。
· 真皮。真皮在表皮下层。在真皮层下方(皮下组织)包含很多可以储存脂肪的细胞——脂肪细胞。

当人长胖时,脂肪会堆积在皮下组织中。 人体有几个部位特别适合皮下脂肪堆积,其中最主要的便是腹前壁。

为了减掉这部分脂肪, 你可以:

· 按摩这个位置的皮肤,使其活动起来;
· 优先拉伸、强化腹外斜肌和腹直肌,因为这些肌肉就位于皮肤下层。

强化腹肌可以对减脂起到一定的作用(体育锻炼可以促进脂肪的燃烧)。

来自胸部的挤压

胸廓下压会产生两个效果。

·**胸围减小**。因为此时胸骨
  会向脊柱方向移动,胸腔
  脏器会向下移动。

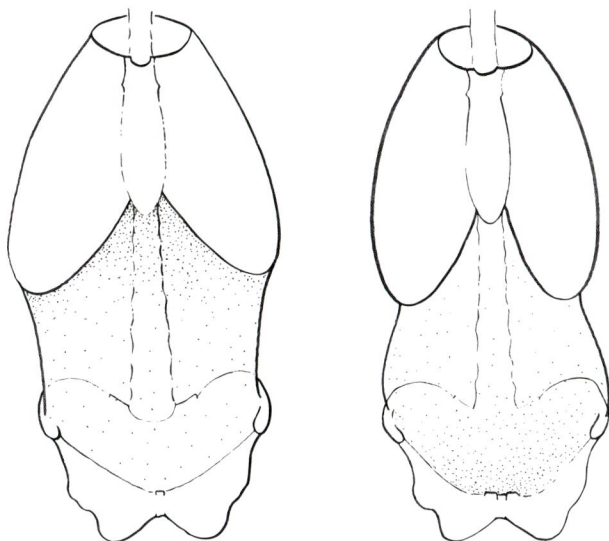

·**胸廓厚度减小**。胸廓在进
  行该动作时,胸腔脏器不
  得不朝腹部移动。因此,
  腹部会隆起,腹壁压力会
  增加。

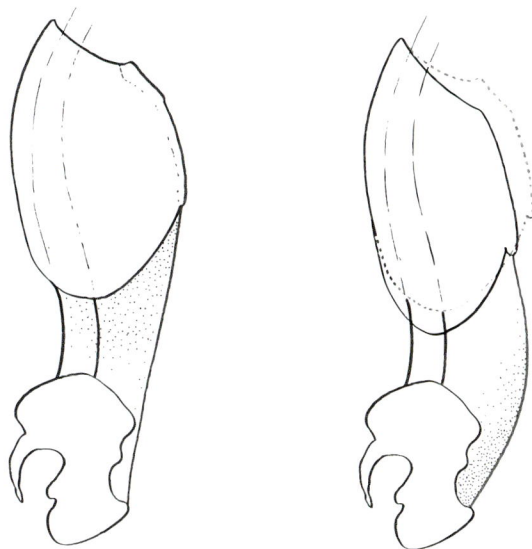

为了拥有平坦的腹部,需要适度扩胸。

来自脊柱的挤压

当我们向前弯曲脊柱时,腹腔脏器会发生变形。 它们的存在空间被挤压,由此导致腹腔脏器向前移位,腹部会因此外凸。

如果脊柱的弯曲是自下而上由骨盆向颈部进行的, 此时腹腔脏器会被朝胸廓方向挤压。用餐后瘫坐在非常柔软的沙发中,这种感觉会特别明显,有时甚至会导致食物反流。

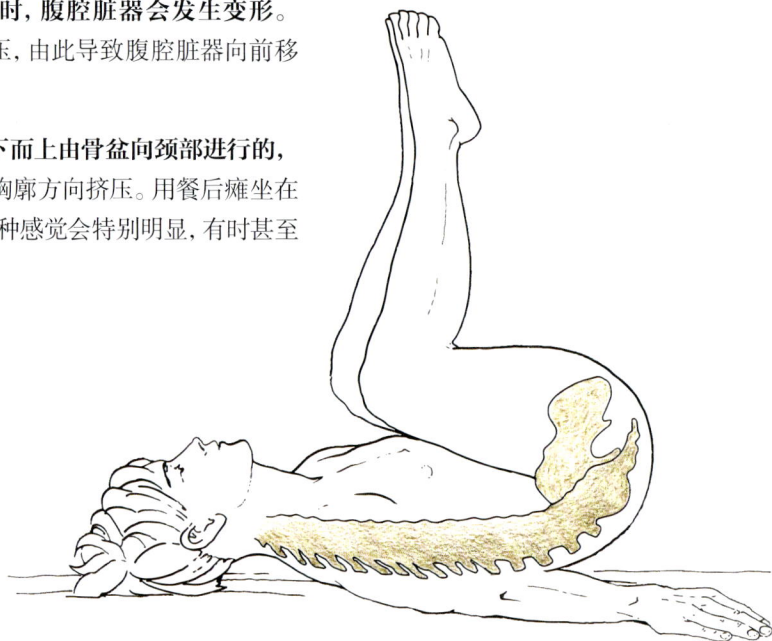

如果脊柱的弯曲是自上而下由颈部开始向骨盆进行的, 此时腹腔脏器会被朝骨盆方向挤压。在站姿下进行该动作时,动作的幅度会因为地心引力的存在而加大。

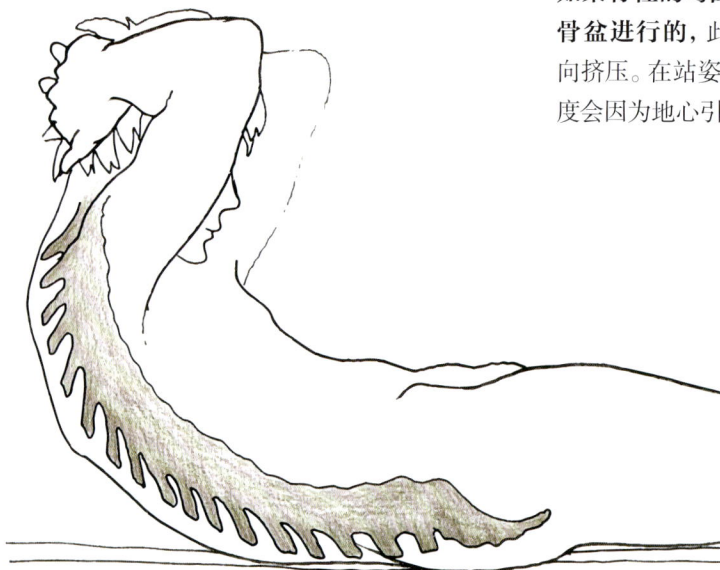

肋部与骨盆的间距

站姿与
腹部形态

弓背站立（脊柱后凸）
会造成腹部外凸。

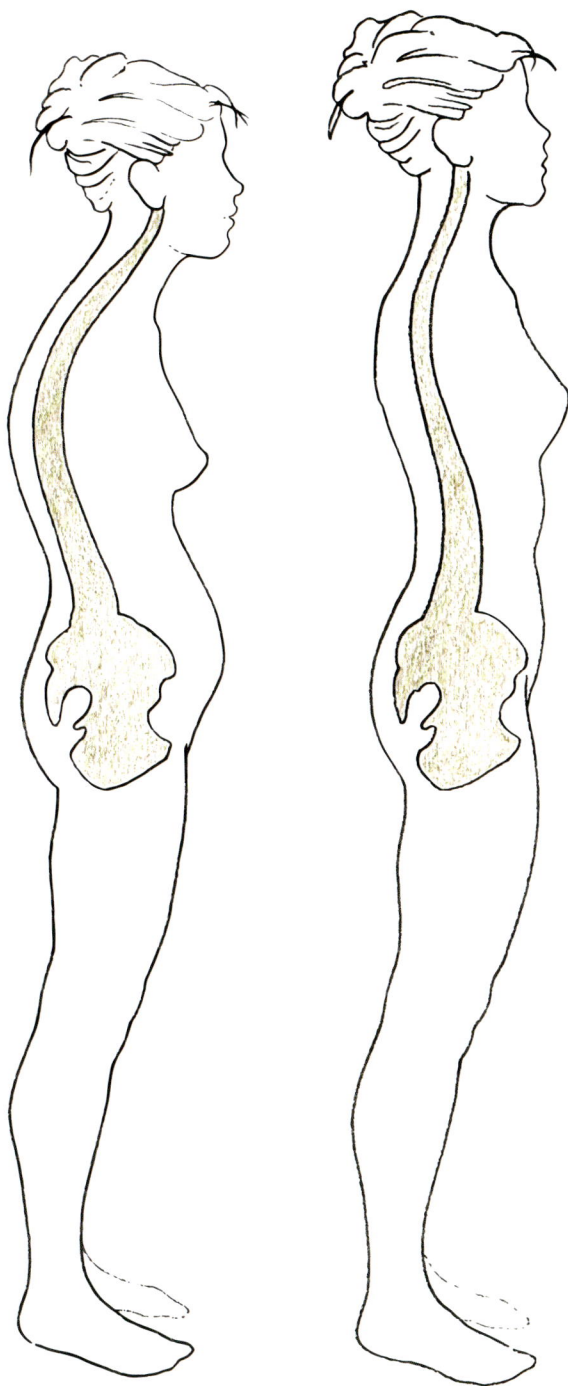

无须收缩腹肌，
只须站直，就可
以加大肋部与骨
盆之间的距离，
在一定程度上避
免腹部外凸。

如何拥有平坦的腹部

交替进行腹肌的收缩与拉伸

交替进行腹肌的收缩与拉伸,**可以使肌肉组织活动起来,而且有利于肌肉内部的血液循环。**

本书结尾推荐的练习动作经常要求交替进行腹肌的收缩与拉伸。

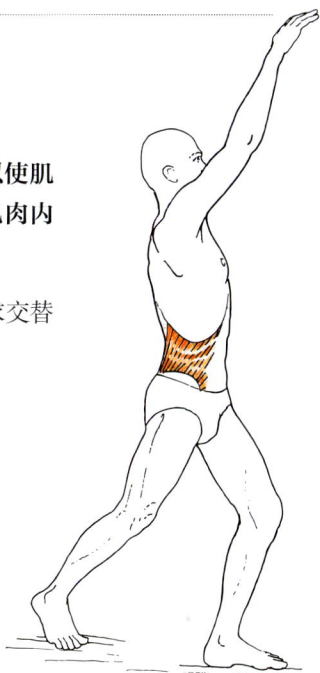

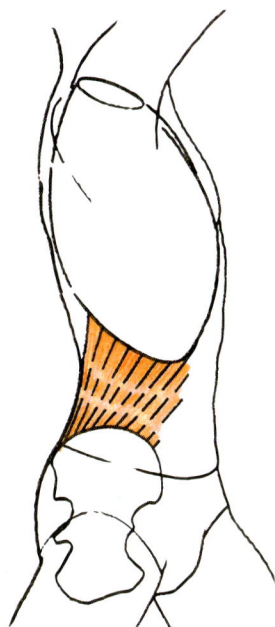

腹内斜肌拉伸

当肌肉收缩时,肌肉的可收缩部分(红色部分)会变短、变厚,不可收缩部分(白色部分,肌腱、筋膜等)会被拉紧。在做拉伸动作时,肌肉上的红、白两部分都会被拉紧。

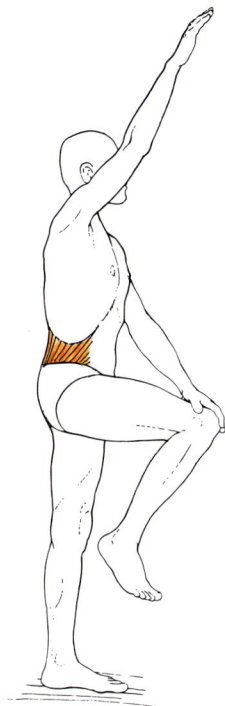

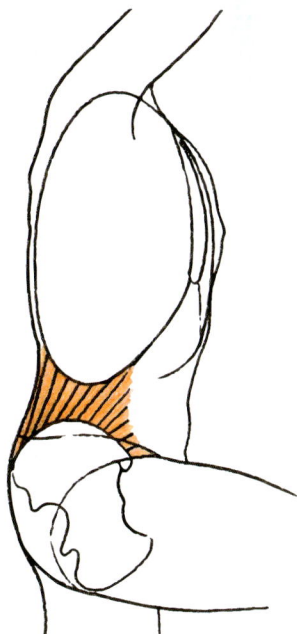

腹内斜肌收缩

交替收缩侧壁腹肌

某一动作如果主要调动斜肌收缩,这三层的肌肉结构会被带动在同一方向(即收缩的斜肌上肌纤维变短的方向)上一起移动。

这种连带作用会导致其他两种腹肌一起变形。因为另外两种腹肌的肌纤维与采取收缩动作肌肉的肌纤维延伸方向不同,因此,该动作类似横向抻拉抹布。

本书第5部分推荐的练习中,有很多要求交替收缩不同层次腹肌。

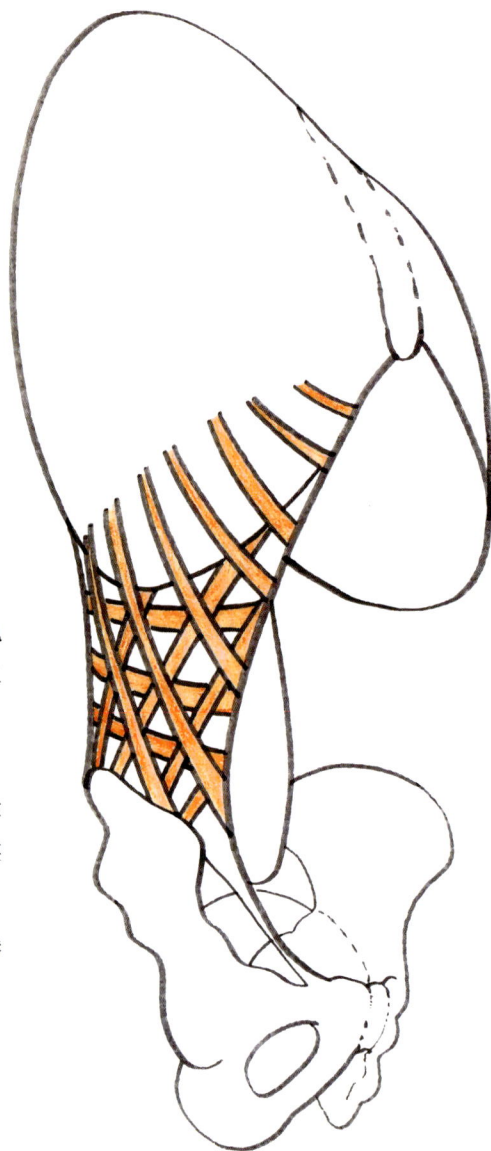

交替收缩侧壁腹肌和腹直肌

侧壁腹肌收缩,可以牵拉腹前外侧壁筋膜,使其向两侧伸展。

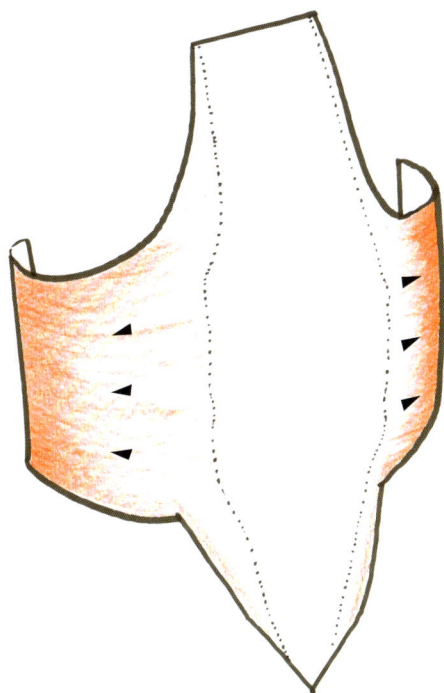

腹直肌收缩,腹前外侧壁筋膜会沿着腹直肌肌纤维走行的方向被牵拉。

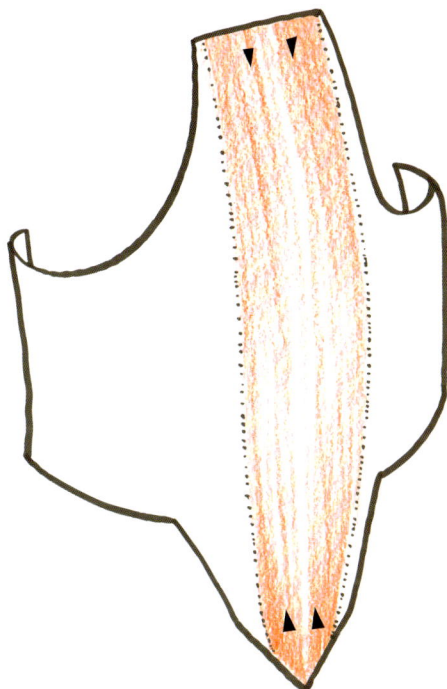

变换肌肉牵拉的方向可以让肌肉组织运动,借此训练其活动性并排出多余水分。

腹肌间的协调

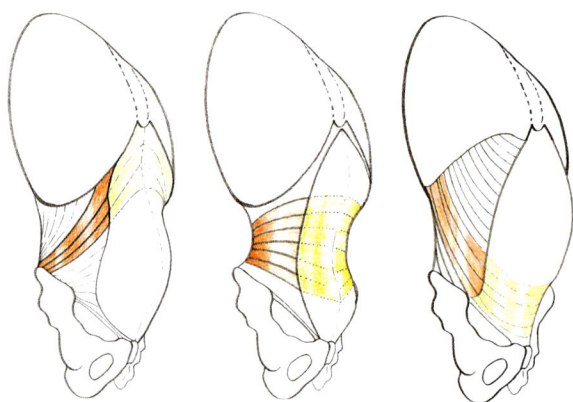

1

可以分层次收缩腹部不同区域的腹肌。

可以只收缩上腹部、中腹部（腰部）或
下腹部的腹肌。尝试一下，你就会发
现，这些动作非常简单。

2

**可以协调不同种类腹肌的收缩，以便在同一方向
上依次收缩腹部的不同位置，**由此引发腹腔脏
器在这个方向上的移动。该动作类似从牙膏管
的一头朝另一头挤牙膏。腹肌的协调收缩并非
任意搭配，有些肌肉间可以协作，而有些协作
起来较为困难。

3

收腹的动力机制：如果自上而下依次收缩上腹
部、中腹部和下腹部，腹腔脏器会被朝骨盆方
向挤压。此时，想要保持腹部平坦非常困难。如
果自下而上依次收缩下腹部、中腹部和上腹部，
就可以使腹部变得平坦。因此，如果你想保持
腹部平坦，请坚持自下而上地收缩腹肌。

仰卧起坐练习，脊柱是自上而下弯曲的，腹肌的收
缩也是自上而下进行的，这对盆底和腹前壁来说都
不是好事。因此，在进行仰卧起坐练习时，应尽量
让腹肌自下而上地依次收缩，这样可以有效保护盆
底和腹前壁。但是，该动作难度较大，因为此时肌
肉顺序收缩的方向与身体的实际动作方向是相反的。

在腹肌训练中，腹腔脏器通常应
和骨骼同时、同方向移动。应让
腹肌进行自下而上的收缩训练。

协调腹肌训练与呼吸

限于篇幅，本书不对腹肌训练与呼吸之间的协调进行详细讲解。**在此，仅以图解的方式介绍两种主要的吸气与呼气方式。**

两种吸气方式：腹式吸气（吸气时腹部隆起）和胸式吸气（吸气时腹部凹陷）。

如果想在吸气时训练腹肌，最好选择胸式吸气。在进行本书最后一部分推荐的练习时，建议你采用胸式吸气法。这也是为什么在本书中会反复推荐胸式吸气练习的原因。

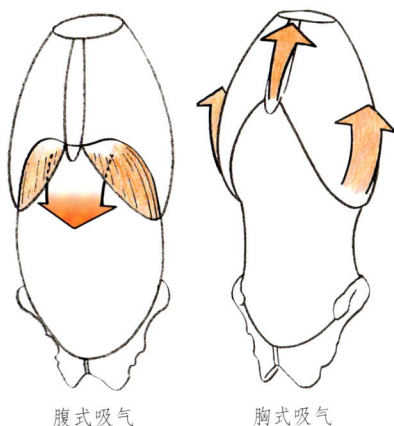

腹式吸气　　　胸式吸气

两种呼气方式：胸式呼气（呼气时肋骨朝背部下压，腹部隆起）和腹式呼气（呼气时腹部脏器上移，腹部凹陷）。

如果想在呼气时锻炼腹肌，最好选择腹式呼气。在进行本书最后一部分推荐的练习时，建议你采用腹式呼气法。这也是为什么在本书中会反复推荐腹式呼气练习的原因。

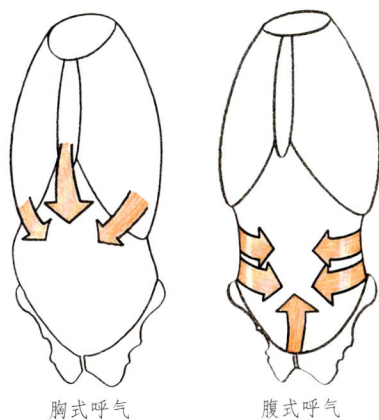

胸式呼气　　　腹式呼气

! 然而，腹肌会本能地对呼吸产生以下影响：腹肌会将肋骨向下牵拉，因此会导致呼气方式变成胸式呼气。腹式呼气不是自然的呼吸方式，因此需要学习和训练。

R 在呼气时收缩腹肌，努力让腹腔脏器上移而非朝背部下压肋骨。

平坦的腹部与腹肌力量

71 腹肌力量与训练强度

腹肌力量与训练强度

单靠腹肌的力量不足以达到使腹部平坦的效果，单纯追求腹肌的增大会带来风险。但另一方面，**如果你存在腹肌力量不足的情况，进行腹肌训练**是有效果的。

与其他肌肉一样，借助强化练习，我们可以达到增强腹肌力量的目的。

肌肉强化训练的基本方法都是一样的，那就是抗阻力收缩。

训练强度：肌肉强化训练时所加载的阻力是因人而异的。对于受过专业训练的人来说（如运动员、职业舞蹈演员等），阻力可以非常大。对于偶尔健身的人（每周去健身房锻炼一两个小时的人）来说，阻力就要小得多。而对于那些从不健身或者体质较弱的人（如老年人、正在进行康复性训练的人）来说，阻力要非常小。上述三种情况只是我们举的一些例子，**每个人都要找到适合自己的阻力标准**。需要注意的是，即使对于同一个人，这个标准也是要根据具体情况随时变化的。

正因如此，如果是在集体训练课上进行腹肌训练，一定要找到适合自己的训练强度。同理，当借助器械进行训练，或者是跟着相关书籍或视频进行训练时，也要找到合适的训练强度。

！注意： 肌肉强化训练与肌肉拉伸练习和肌肉柔韧性练习完全不同，与肌肉放松、动作协调性练习也不同。肌肉强化训练的目的就是增加肌肉力量。

R

如何确定训练强度？

可以在专业人士的指导下训练，他可以就动作幅度、练习组数给予指导，同时会教你如何调节设备负重。训练会让你的呼吸和心跳加快，因为肌肉比平时的运动强度要大。在训练过程中，要注意量力而行，慢慢地适应这些身体变化，循序渐进地从一组练习过渡到下一组练习，千万不要骤然或强行提高训练强度。如果在训练间隙感到肌肉酸痛，这有可能是因为训练量过大所致，也有可能是因为你没有在肌肉收缩训练之间留出足够的时间让肌肉放松，或者没有进行充分的、正确的呼吸。

4

五种主要的腹肌练习：
解剖学视角的指导与剖析

基于解剖学的训练指导

基本原则始终如一。

我们需要固定或活动躯干上与腹肌相连的部位：

- ·骨盆
- ·胸廓
- ·腰椎或胸腰连接处

在运动过程中需要制造或加大阻力，这会加大动作难度（见第71页）。

如何制造或加大阻力？

该阻力可以是头部牵拉胸廓的力量

该阻力可以是头部和胸部的重量（见第79页）

该阻力可以是头部、肩部、胸部、腹部牵拉骨盆的力量（见第78页）

手臂重量叠加至上述提到的所有力量上

该阻力可以是腿部牵拉骨盆的力量（见第92页和第106页）

该阻力可以来自同伴或某种器械

该阻力可以是某种支撑力或来自锚定点的力量

· · · · · · · · · · ·

腹肌训练存在哪些风险?

腹肌训练对于以下部位存在风险:

盆底（见第82页、第101页和第113页）

腹前壁（如各种疝的出现，见第80页）

腰椎或胸椎的椎间盘（见第84页、第86页、第96页、第102页和第108页）

颈椎间盘（见第88页）

仰卧起坐

最有名的腹肌练习之一：仰卧起坐

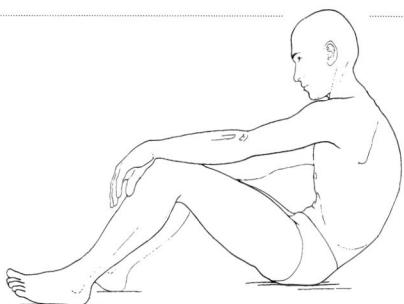

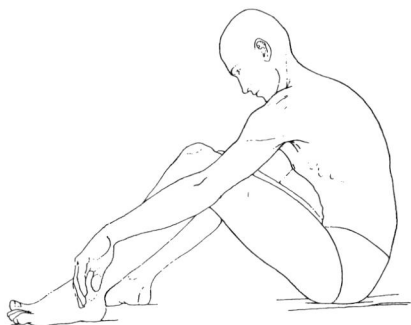

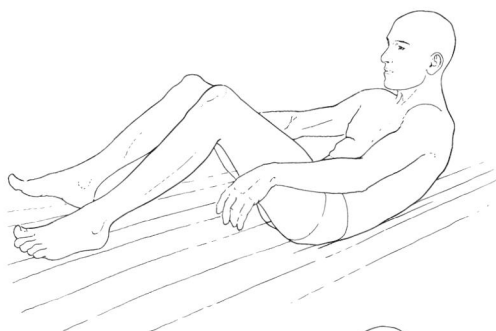

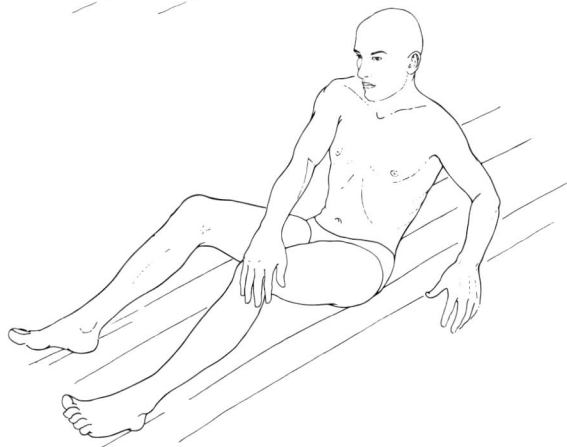

动作要领

仰卧，然后上身向前卷曲。试着将头部向骨盆方向靠近，之后依次将颈、肩、胸廓向骨盆方向卷屈。至坐立位后，继续将躯干向前，朝腿部弯曲。

整个动作可以朝正前方进行，也可略向左前方或略向右前方进行。

仰卧起坐中腹肌的作用是什么？

我们可将仰卧起坐中的身体前屈动作分为**四个阶段**来依次分析各阶段中腹肌的作用。

1

头部抬升。该动作在颈屈肌的牵拉下完成。颈屈肌与胸廓相连。此时，腹肌收缩，其作用是保持胸廓与骨盆的距离。

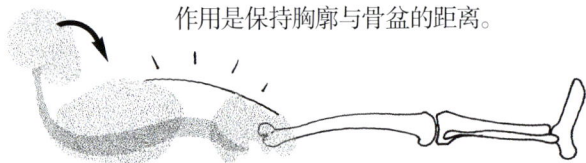

此时，腹肌的收缩属于等长收缩。

2

头部和肩部抬升。此时，腹肌收缩也是为了保持胸廓与骨盆的距离，只不过其力量比第一阶段要大。

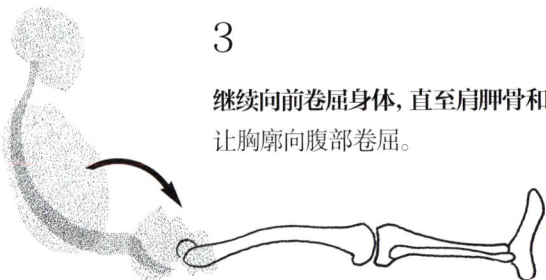

在此阶段，腹肌依旧在进行等长收缩。

3

继续向前卷屈身体，直至肩胛骨和肋骨完全抬离地面。此时，腹肌收缩是为了让胸廓向腹部卷屈。

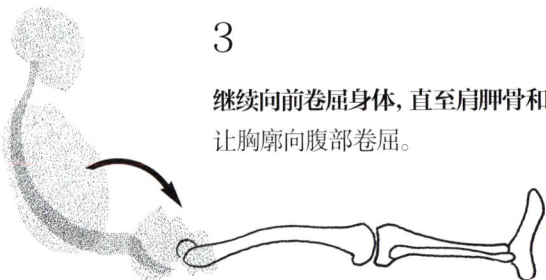

这时，腹肌进行的是向心收缩。

4

进一步向前卷屈身体，受髋部屈肌的牵拉，整个躯干加上头部的重量都会垂直落在臀部上。此时，腹肌再次起到保持胸廓与骨盆距离的作用。

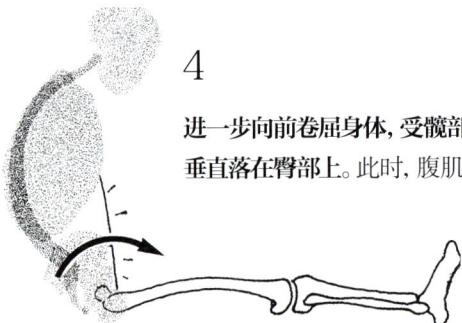

此阶段中，腹肌进行的是等长收缩。

腹肌的训练强度在仰卧起坐的后半段，躯干后仰、展开的过程中与身体向前卷屈的过程中一致。在仰卧起坐练习的大部分时间内，腹肌进行的都是等长收缩。等长收缩不会促进血液循环，肌肉在动作过程中好像"屏息"了一样。因此，如果训练后第二天出现肌肉酸痛，这是非常正常的（见第46页"肌肉酸痛"和"肌肉痉挛"）。

如何改变腹肌训练强度？

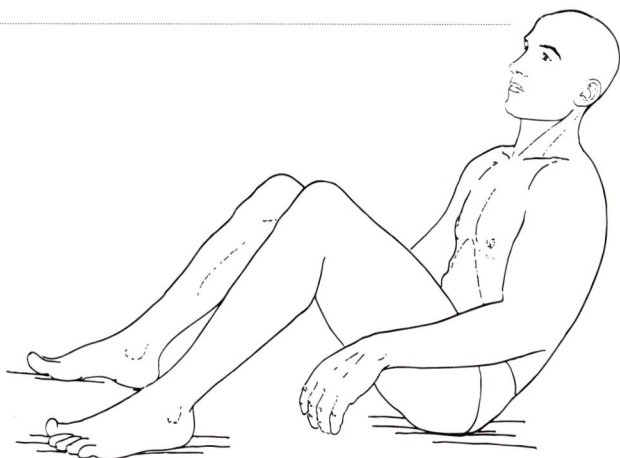

胸部和头部是重量较大的人体部位，因此，与之相关的
动作都会比较费力。

在进行仰卧起坐练习时，以下姿态会加大训练强度：

· 加大躯干向前卷屈的程度；
· 躯干后仰幅度加大，更加远离脚部；
· 手臂不放置于身前或不借助手臂向前伸展的力量。

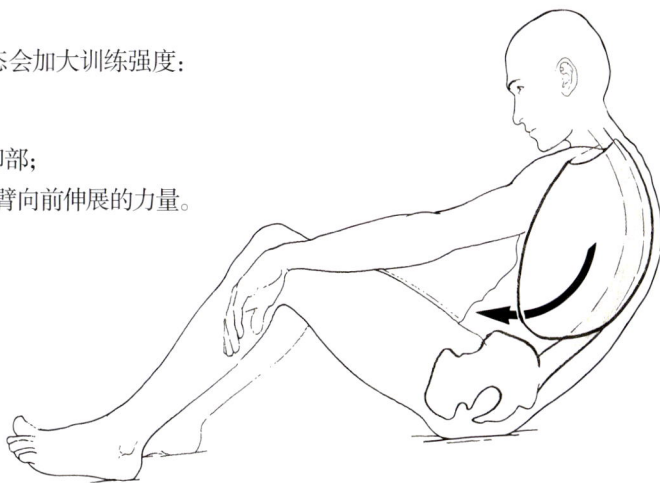

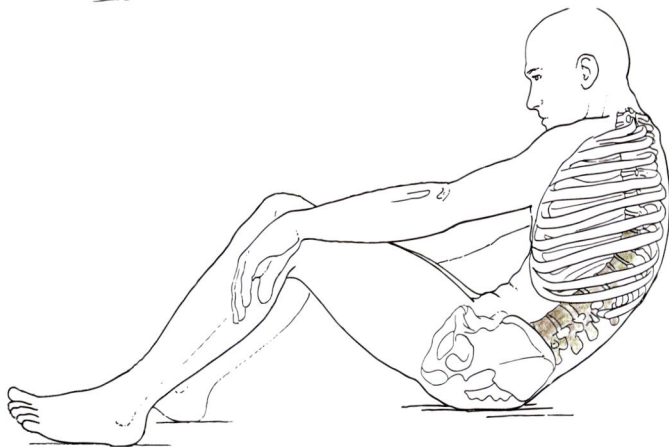

仰卧起坐为何有可能伤害腹前壁?

1

仰卧起坐要求将躯干上部向躯干下部卷屈,即让胸廓靠近骨盆,该动作会导致腹腔脏器朝骨盆方向移动。

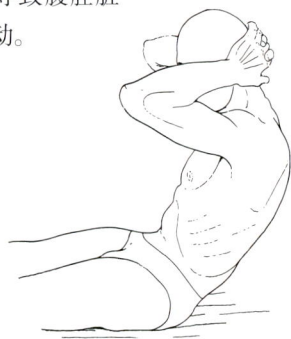

2

腹肌会牵拉胸廓下降,胸廓会闭合、变得扁平,使胸腔脏器向下移动。

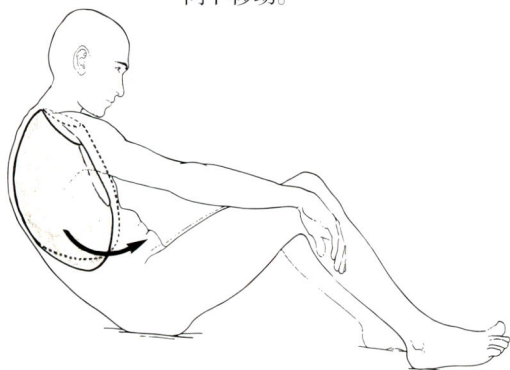

3

躯干上部向前卷屈的动作过程中,我们有时会**关闭声门**阻断呼气。这会使膈肌收缩,为腹前壁带来一股巨大的压力,使其前凸。

4

对于关闭的声门,当有一股推力推向它时,膈肌会加大收缩力度。这会导致腹部隆起的程度加大。这股加之于声门的推力并不会提高动作效率,但这是声门关闭时身体的非自主动作。

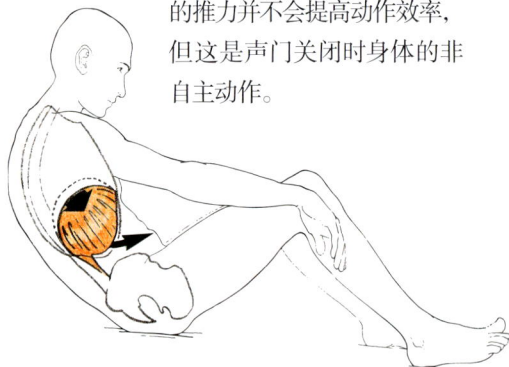

因为上半身的重量很大,被抬起或向前卷屈都比较困难,因此仰卧起坐的动作强度是很大的。为了成功地完成动作,上述四种现象通常会叠加出现。如果腹壁比较薄弱,该动作就会对腹壁造成伤害。尤其是刚生完孩子的女性,请务必不要进行仰卧起坐练习。

怎样避免仰卧起坐带来的伤害？

对腹前壁而言

请勿关闭声门，或在声门紧闭的情况下继续振动声门。

阻止声门关闭的最有效方法是在训练中保持流畅的呼吸，不要屏息。

避免肋部的闭合。

在向前卷屈身体之前打开肋部，扩张胸廓。

在卷屈身体的过程中，始终保持胸廓扩张，甚至在躯干后仰、回到仰卧位时依旧保持胸廓扩张。

> **R**　无论是呼气还是吸气，在仰卧起坐动作的全程，须尽量保证上腹部的内收。

对白线而言

请尽量避免腹横肌参与动作，因为腹横肌会向两侧撕扯白线。（见第47页）

在动作过程中应尽量避免呼气，尤其是剧烈呼气*，因为这样会调动腹横肌。（见第111页）

> **!**　仰卧起坐会让人产生呼气的欲望（因为该动作会压迫肋骨）。因此，在向前卷屈身体前应提前呼气，在卷屈身体的过程中只吸气。

> **R**　在仰卧起坐过程中进行胸式吸气。在开始动作前充分呼气，在动作过程中吸气。同时需注意上一页中提到的应着力避免的动作和行为。

* 也可称为"用力呼气"。在作者的另一部著作《呼吸运动全书》中，对呼气行为进行了详细的介绍。详见该书有关"呼气储备量"的内容。

持续收腹会对盆底造成伤害吗?

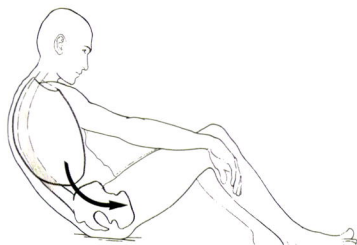

第74页中提到的所有问题都适用于盆底。

1

在仰卧起坐过程中,躯干上部会朝前卷屈。此时,胸廓会向骨盆方向移动,腹腔脏器也会朝同样的方向移动。

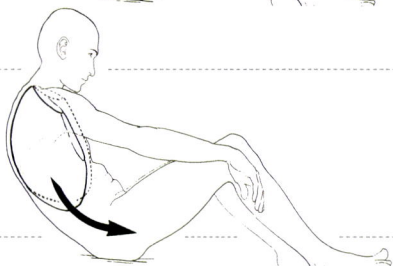

2

负责该动作的腹肌会下拉胸廓,因此胸廓会变得扁平,这会导致胸腔脏器向盆底移动。

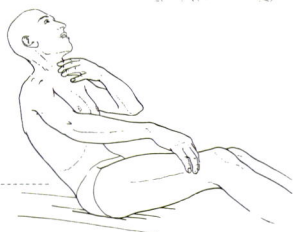

3

为了避免胸廓过分闭合,练习者有时会在动作过程中屏息,关闭声门。该行为可以避免胸廓变得过度扁平,但盆底会因此承受巨大的压力。

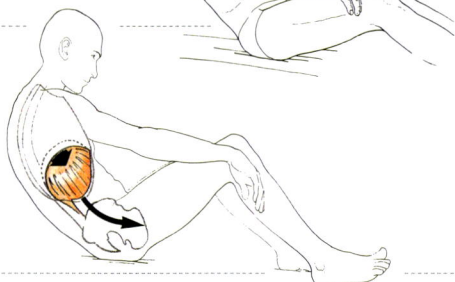

4

声门关闭后,练习者会继续向声门施加一个推力,膈肌收缩力会因此加大,盆底所承受的压力也会增加。这个加在闭合声门上的推力并不会使动作难度降低,但一旦声门关闭,该行为会下意识地发生。

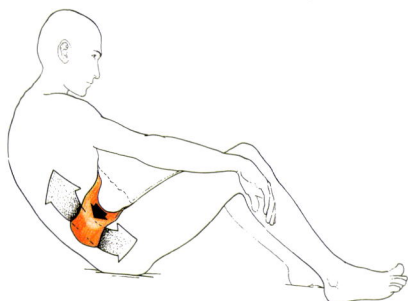

5

借助腹肌的收缩来达到收腹的目的,腹腔脏器便无法停留在腹部的前面。它们会向上或向下移动,后者会导致盆底压力增加。

在仰卧起坐过程中持续收腹会导致盆底压力增加。由此可能导致某些脏器脱垂或者前列腺受压。如果你的盆底比较薄弱,请避免进行该动作。

如何降低仰卧起坐对盆底的伤害?

这并非易事,因为需要综合考虑多方面因素。如果你不是专业人士,最好避免进行仰卧起坐运动。如果你有进行仰卧起坐练习的习惯,而且想继续借助这个动作进行训练,以下是一些可有效降低训练对盆底伤害的建议。

避免胸廓收缩

在进行仰卧起坐练习前,先充分活动肋部(见第127~128页),特别是胸廓后部的肋骨。

在向前卷屈身体时吸气,以保持胸廓扩张。

在卷屈身体的整个过程中都要保持胸廓扩张。

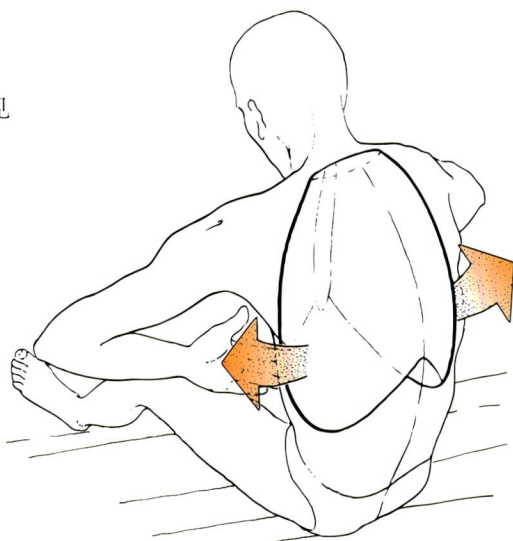

在整个动作过程中,尽量使上腹部保持收缩。

上腹部的收缩并非由腹肌牵拉所致,而是胸廓扩张的结果。

注意:不要将整个腹部向内收。

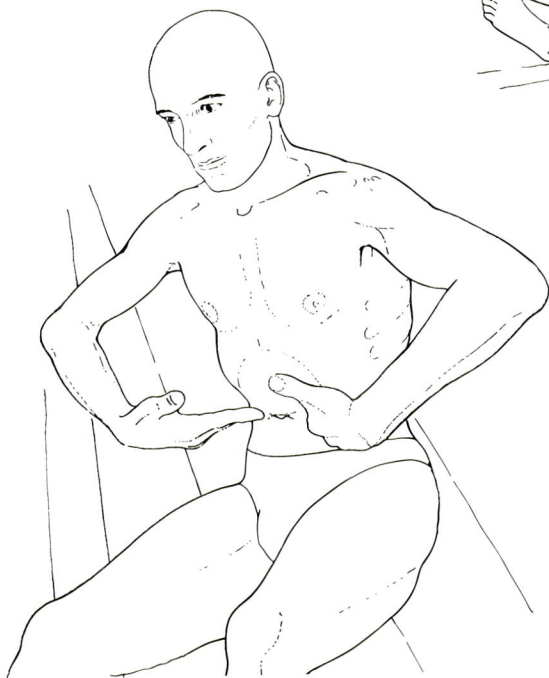

为了保护盆底,建议在该练习中尽可能保持吸气状态。更准确地说,是在动作过程中尽量进行胸式吸气,这样做可以避免声门关闭。另外,除了因胸廓扩张导致的上腹部内收,不要尝试其他可导致腹部内收的动作。

身体前屈对椎间盘有何伤害?

在仰卧起坐身体前屈过程的第四阶段,头部和躯干(包括骨盆)的重量都会压在臀部上。

完成该动作要求髋部屈肌强烈收缩。髋部屈肌收缩,会将臀部向躯干方向牵引。

平衡腿和躯干的重量

在**身体前屈**的过程中,对某些人来说,如果不固定双脚*,他们很可能无法完成动作(双腿会抬起,躯干会向后仰)。

这并非腹肌无力所致,因为如果将双脚固定,动作就可以完成。这也不是脊柱欠缺活动力所致(该事实也可以得到印证)。

* 请他人帮忙或借助器械将双脚固定。

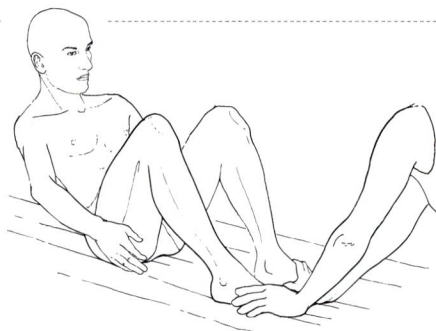

身材比例

导致上述动作完成难易不同的原因是身材比例问题。

对于上半身较长、腿部较短的人来说,完成仰卧起坐较难。

这些人在进行前屈动作时有先天劣势。

对于上半身较短、腿部较长的人来说,完成仰卧起坐比较容易。

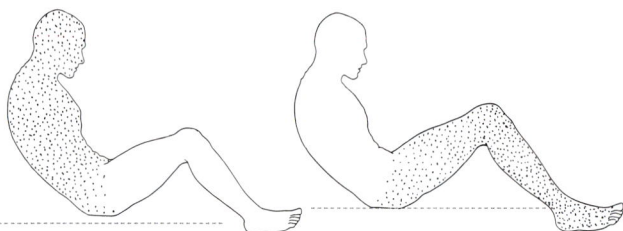

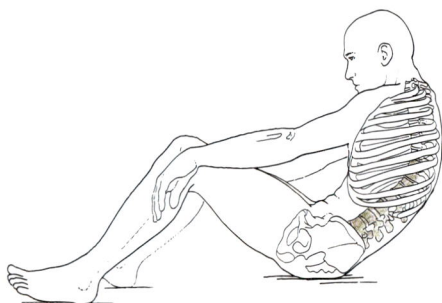

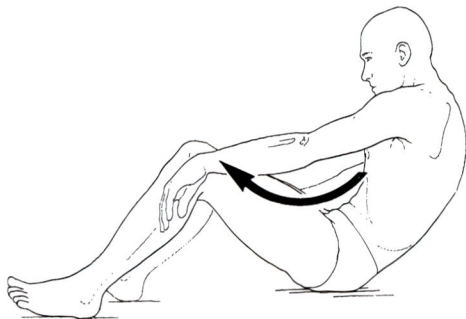

那些有先天劣势的人有时会通过伸展双臂来辅助完成动作,但他们更倾向于通过加大躯干下半部分的弯曲程度,使上半身向前移动以牵拉骨盆来完成动作。可是,这会导致腰椎间盘承受过大的压力。

怎样在身体前屈时保护腰椎间盘?

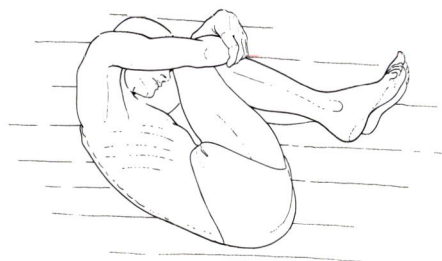

如果你发现没有办法将躯干向腿部卷屈(尤其是在仰卧起坐的第四步中),需要先测试一下腰部是否可以弯曲。

· 侧卧在地板上;
· 尽力让膝关节向胸部靠近。

如果你无法轻松完成上述动作,最好先做一些可以活动脊柱的热身运动。

!

为了让脊柱具有更好的灵活性,最好选择那些不会给椎间盘带来太大压力的动作进行热身。(见《运动解剖书2》第53页~65页实用练习。)

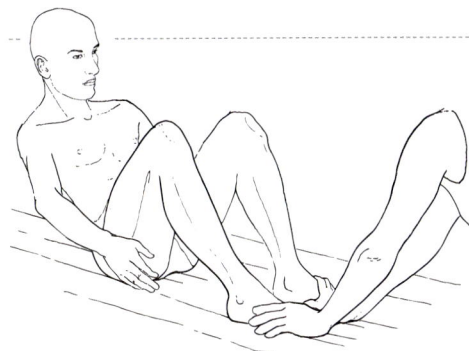

之后,测试双脚固定时躯干向前卷屈的能力。

· 可以请其他人帮忙压住双脚;
· 也可以利用某些器物来固定双脚。

确认躯干向前卷屈是否存在困难。

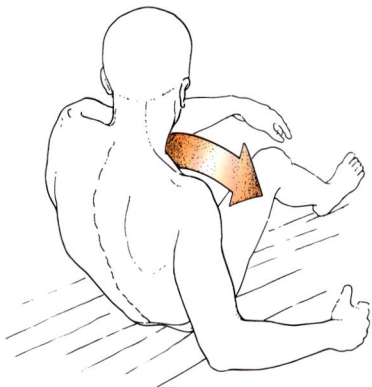

如果上面两个测试都没有问题,腹肌力量也足够,就需要避免过度弯曲腰椎。那么,如何避免呢?

· 在仰卧起坐练习中固定住双脚;
· 不要向正前方卷屈身体,可以略向左或略向右卷屈。

身体后仰对椎间盘有何伤害？

在向前卷屈身体的第四步中，头部和躯干（包括骨盆）的重量会全部压在臀部上。

进行该动作时必须强烈收缩髋部屈肌群*。

髋部屈肌群收缩可能导致骨盆前倾，使腰椎前凸。

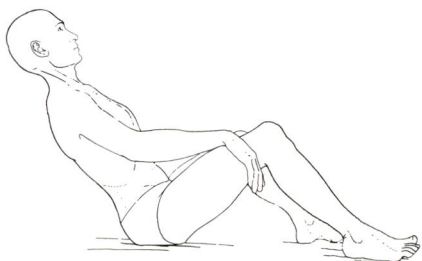

有危害的不是腰椎前凸本身，而是由于**肌肉**（髋部屈肌群和腹肌）**的作用，腰椎前凸时会严重挤压椎间盘。**

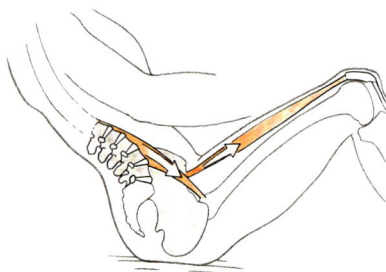

因此，这会导致**腰椎间盘承压过度**，特别是重复动作，或在腰椎前凸的体式中停留时间过长时，危害更大。

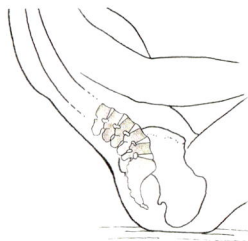

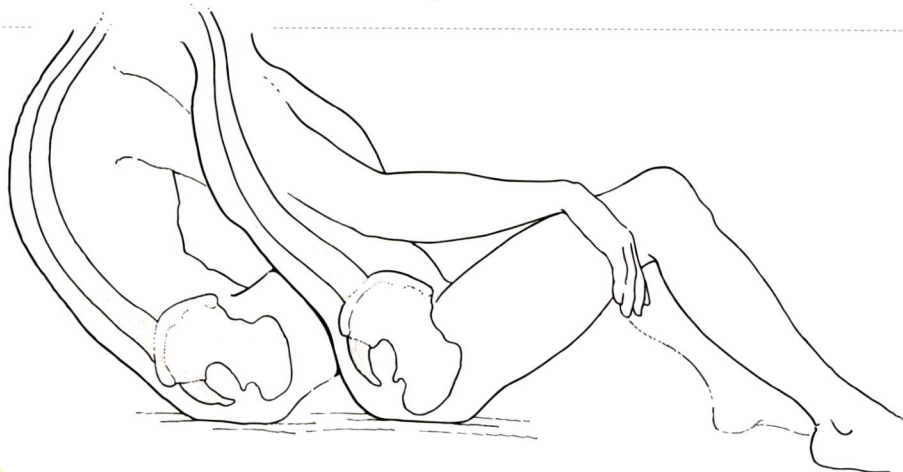

那些有先天劣势的人有时会通过伸展双臂来辅助完成动作，但他们更倾向于通过加大躯干下半部分的弯曲程度，使上半身向前移动以牵拉骨盆来完成动作。可是，这会导致腰椎间盘承受过大的压力。

* 主要指腰大肌、髂肌、缝匠肌、股直肌、阔筋膜张肌。

怎样在身体后仰时保护腰椎间盘?

如果你身材比例合适,在进行仰卧起坐练习时不需要固定双脚,那就不要固定,否则仰卧起坐很可能会变成强化髋部屈肌群的练习。

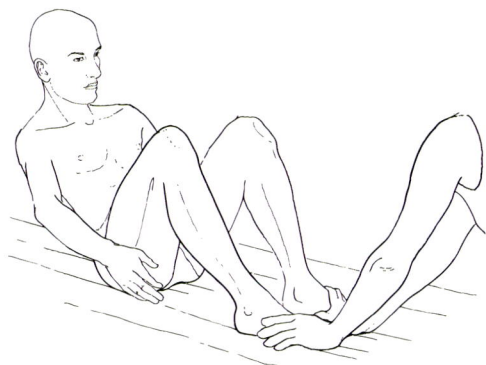

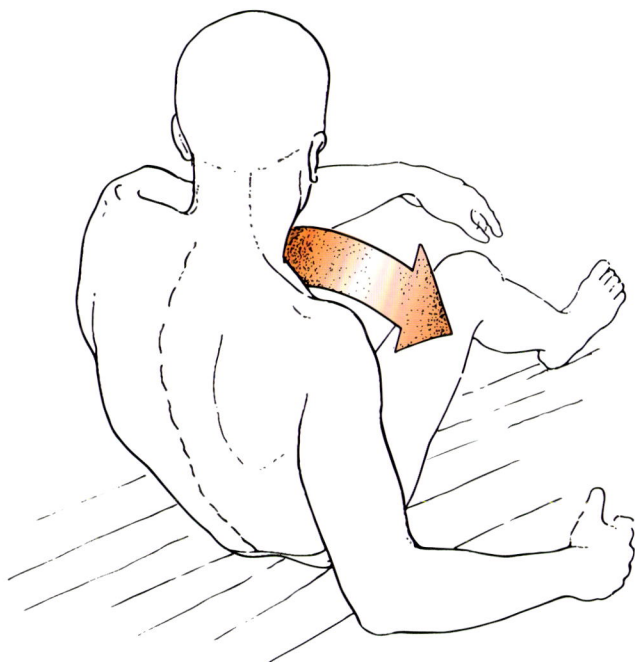

如果必须固定住双脚才能完成动作,同时在动作过程中有腰椎弓形弯曲的倾向,最好不要让躯干向正前方卷屈,而应向身体两侧卷屈。这样一来,身体两侧的腹斜肌可以得到更好的锻炼,同时可以避免腰椎的弓形弯曲。

仰卧起坐为何会增加颈椎的压力?

在进行仰卧起坐练习时, 为了更好地完成向前卷屈身体的动作, 我们有时会将双手放在脑后。

该动作可以达到两个目的:

· 通过避免手臂置于身前或向前伸来加大训练强度。

· 借助手臂的力量牵拉头部向前移动。

这种情况下, 肘部会朝向前方。手臂的牵引会导致颈椎下段严重弯曲。

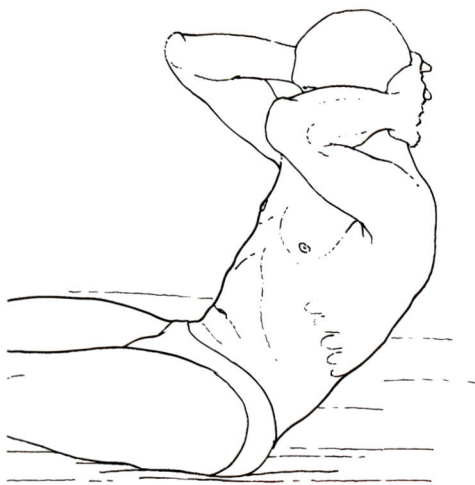

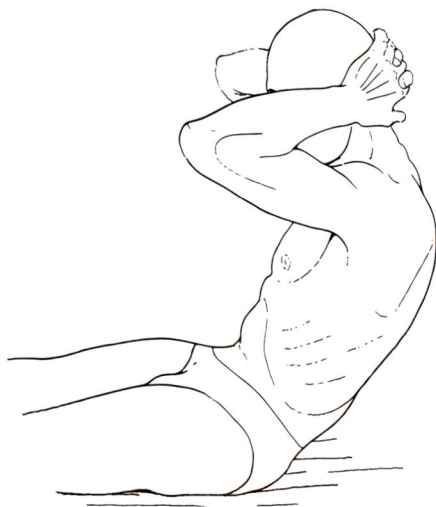

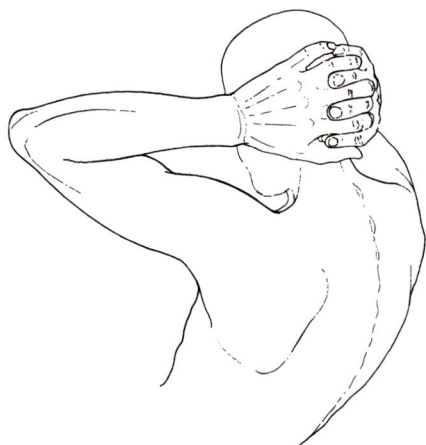

手臂的牵引会使颈椎下段的椎关节承压过大。通常情况下, 即使没有外力加入, 这一部位在仰卧起坐练习中承受的压力已经非常大了。

怎样保护颈椎?

即使你腹肌力量不足或身材比例不好,也不建议通过将双手放在脑后,依靠手臂牵引的方式来增加仰卧起坐练习的次数。

如果你身材比例不好,在进行仰卧起坐练习时请务必固定住双脚,这样可以避免借助头颈部的过度弯曲来完成动作。

! **注意:** 肘部向两侧打开,可以很好地帮助头部向前。

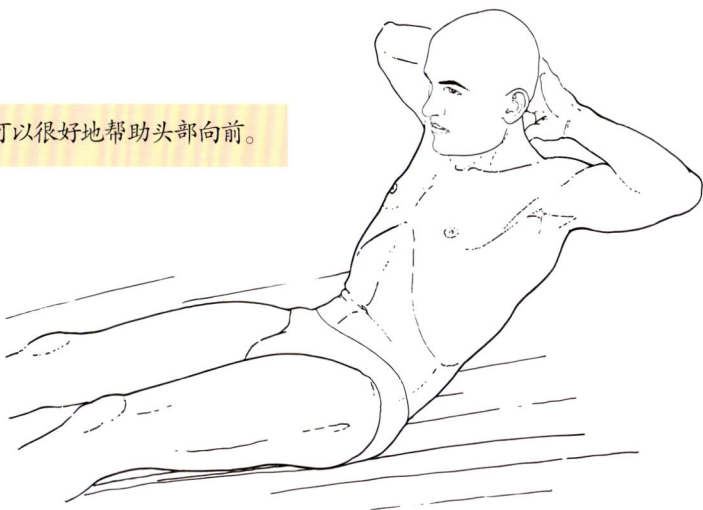

在动作过程中注意保持肘部向两侧打开。

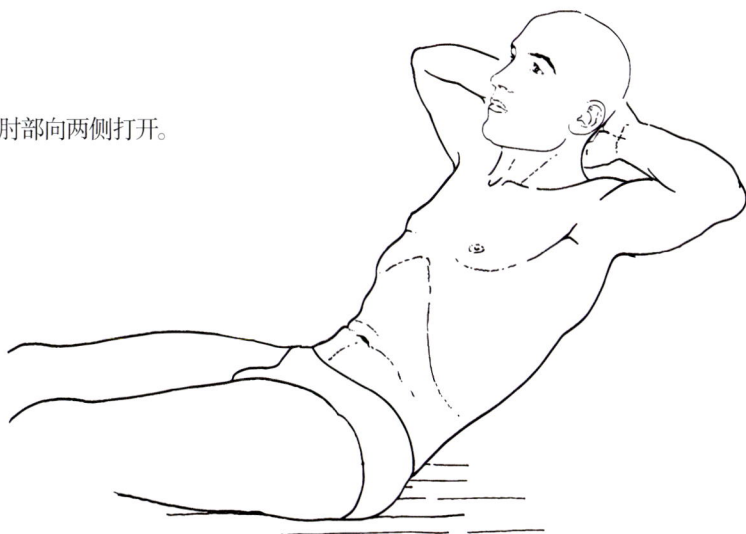

R 应确保是头部重量压在手上而不是相反。
如有必要,可以让手和头保持一定的距离。

仰卧举腿

另一种常见的腹肌强化练习

动作要领

仰卧。

抬腿。

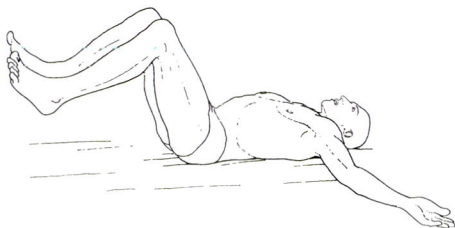

变式练习

· 腿可以垂直于地面，也可以不垂直于地面。

· 膝关节可以微微弯曲，也可以伸直。

· 可以只抬起一条腿，也可以两条腿同时
  抬起。

· 可以向躯干正前方举腿，也可以向躯干两
  侧举腿。

· 腿部抬起后，可以进行蹬踏动作或者来
  回交叉双腿，也可以用双脚在空中画一些
  图形。

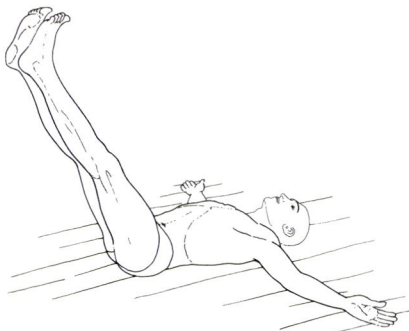

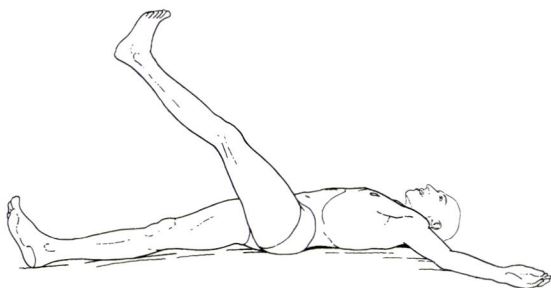

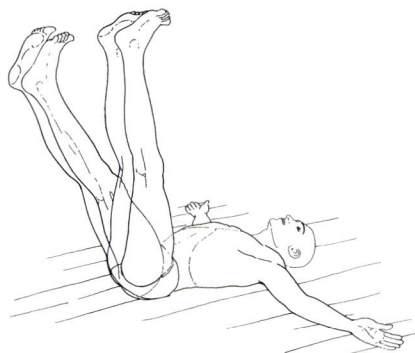

变式练习可以改变训练的强度或训练的腹肌种类。

仰卧举腿为什么可以强化腹肌?

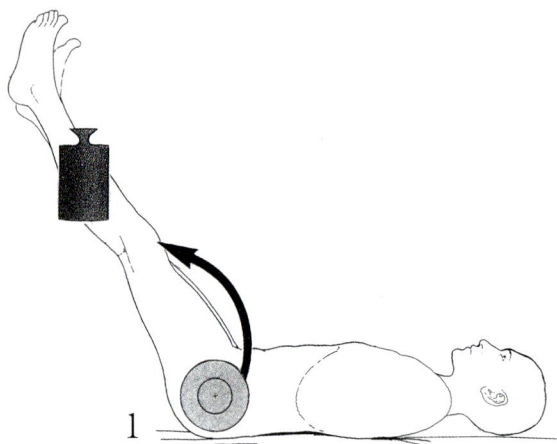

首先需要说明的是，在进行仰卧举腿练习时，**腿部的抬升并不是由腹肌收缩导致的，真正起作用的是髋部屈肌群。**

1

髋部屈肌群不仅可以举腿，还能在举腿的同时使骨盆前倾，因为髋部屈肌群与骨盆相连。

2

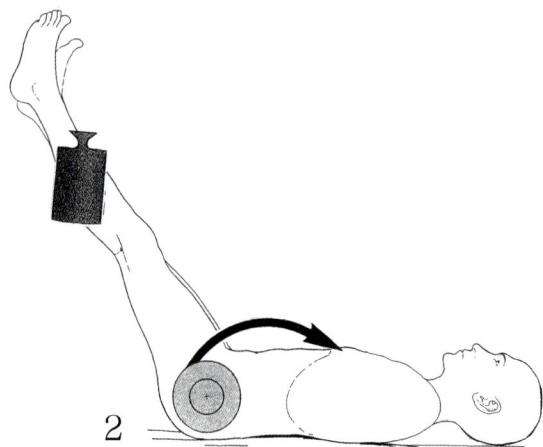

此时，腹肌介入。腹肌收缩可以抑制骨盆前倾。

3

因此，腹肌在这个动作中的作用是平衡、固定骨盆。

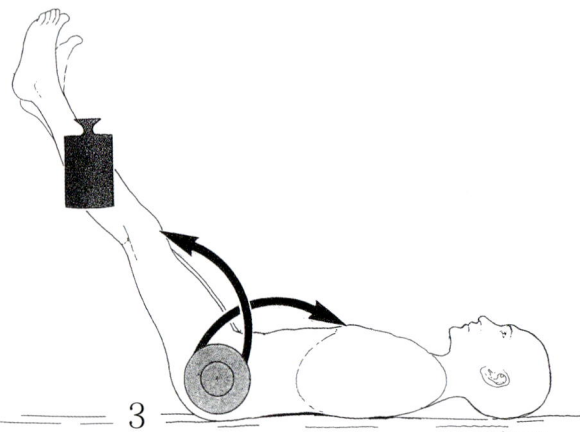

> ❗ 此时，腹肌是在进行等长收缩。

如果髋关节的弯曲程度过大，骨盆就会趋于后倾。因此，该动作对骨盆的牵拉方向有时会相反（见第94页）。

仰卧举腿如何训练腹部肌肉？

1

只举起一条腿，动作的强度比较小。
同时举起两条腿，动作的强度会大很多。

> 只举起一条腿有利于感受整个动作过程，同时可以验证自己是否能够固定住骨盆。

如果没有被举起的那条腿紧贴地面，动作的难度会降低，因为此时可以借助地面的支撑力来稳定骨盆。

> 这个动作甚至无须腹肌参与。因此，在进行练习时，必须明确只举起一条腿的时候另一条腿是否需要紧贴地面。

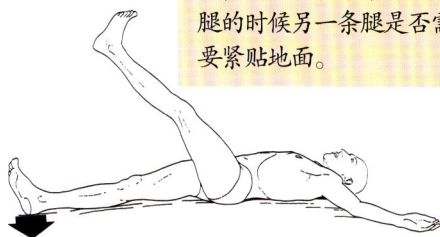

2

相对于直腿的仰卧举腿练习，屈腿的仰卧举腿练习动作难度较低。膝关节弯曲，力臂较小，因此，举腿时所需的力也较小。相对于屈腿的仰卧举腿练习，直腿的仰卧举腿练习力臂长度几乎增加了1倍，因此，动作难度明显加大。还有就是，双腿伸直会导致大腿后侧的肌肉被拉紧。腿伸得越直，越向腹部移动，这种紧张感会越强，因为大腿后侧的腘绳肌会进行反方向的抵抗。这会显著增加动作的难度。

> 位于大腿后侧的肌肉会逐渐被拉紧，这会妨碍髋关节屈曲。髋部屈肌群会因此而加剧收缩，腹肌为了固定骨盆也会加剧收缩。

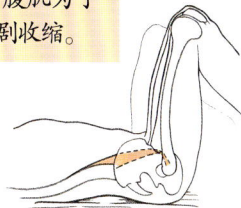

3

髋关节屈曲的角度会影响训练的强度。在腿部落回地面的过程中，腿的位置越低，动作的难度越大。

> 这一点很容易被感知。脚离地面越近，骨盆前倾就越严重。为了固定住骨盆，腹肌就会越紧张。

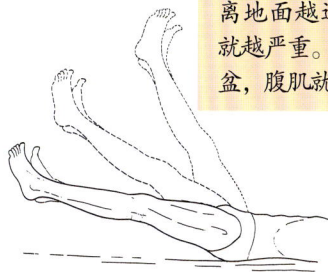

> 以下是仰卧举腿练习中难度不同的腹肌训练动作。
> 难度最小的动作：只举起一条腿，且膝关节和髋关节均保持90度弯曲，另一条腿紧贴地面。
> 难度最大的动作：同时举起两条腿，而且膝关节绷直，脚尽量贴近地面。

骨盆倾斜与"正位点"

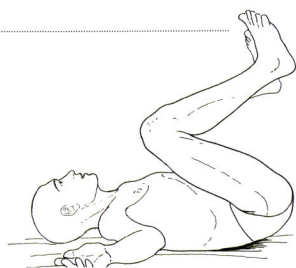

1

平躺，膝关节弯曲，尽量让双腿靠近腹部。

在这个体式中，感受尾骨抬离地面和骨盆向后倾斜的状态。

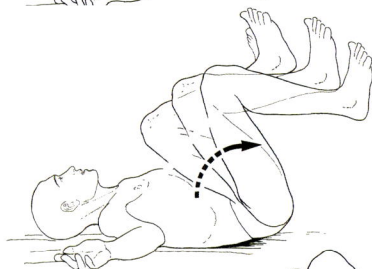

2

缓慢地放下一条腿，让脚逐渐接近地面。

感受同侧骨盆位置发生改变的瞬间——原本处于后倾位的骨盆突然有前倾倾向。

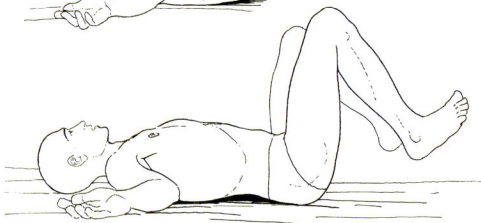

3

之后，两条腿一起进行同样的动作。

体会从哪一刻起，整个骨盆开始改变倾斜角度，即从后倾位转换为前倾位。这就是所谓的"正位点"。"正位点"与髋部向前卷屈的角度相关。可以让髋关节反复回到这个位置来感受骨盆倾斜方向的变化。

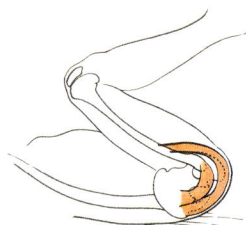

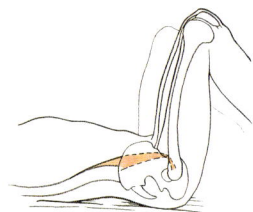

如果仔细观察，我们便不难发现：所有可导致骨盆后倾的动作，在骨盆处于后倾位时，都不会超过正位点；所有可导致骨盆前倾的动作，在骨盆进入前倾位后，都会越过正位点。

为什么向躯干部收腿时骨盆会后倾？
髋部向前卷屈会拉紧位于其后部的肌肉和韧带。受这些肌肉和韧带的牵拉，骨盆会向后倾斜。

为什么双腿落回地面时骨盆会前倾？
双腿落回地面时，髋部会舒展，其前侧的肌肉需要收缩来控制腿部的回落速度，这些肌肉的收缩会导致骨盆向前倾斜。

怎样对腹肌进行针对性训练?

如果要将并拢的两腿同时举起,需要使骨盆两侧都保持在后倾位。此时,骨盆后倾主要是腹直肌收缩导致的。

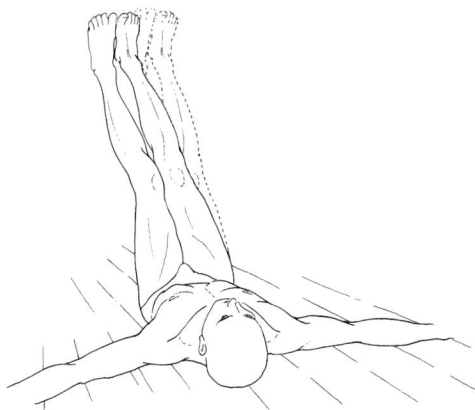

如果两条腿的动作**不一致**,比如:

· 只举起一条腿;
· 将一条或两条腿向身体两侧举起;
· 双腿在空中相互交叉、写字母等。

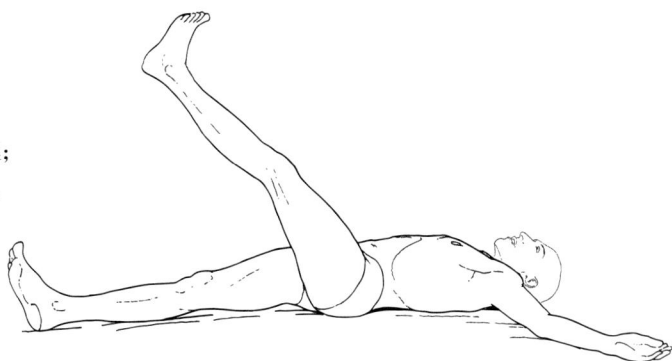

此时,骨盆两侧的前倾程度是不一致的。在上述所有情况中,骨盆会向腿部运动占主导地位的一侧倾斜。**因此,为了固定住骨盆,在抑制骨盆前倾**(腹直肌的作用)**的同时还要抑制骨盆转动**(腹斜肌的作用)。

腹斜肌训练的强度可以适当调整(见第91~93页)。

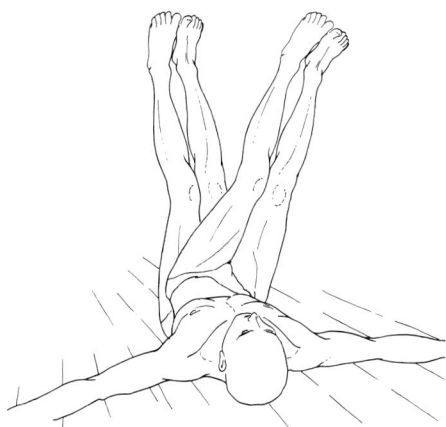

仰卧举腿为何会伤害腰椎间盘？

1

当膝关节弯曲、腿部收向躯干时（即动作不超过骨盆"正位点"，见第94页），**骨盆会带动腰椎弯曲。**

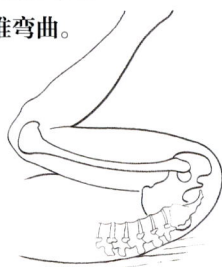

此时，背部肌肉和韧带会被拉紧，如果这些身体组织较为僵化，该动作可起到改善作用；如果这些身体组织较为脆弱，该动作则具有一定风险。另外，该动作会使椎间盘前部受挤压、后部张开，当动作幅度较小时，该动作无大碍，但如果椎间盘已经较为脆弱，则会引发一些问题。

2

当腿向地面回落时（即动作超过骨盆"正位点"时），为了控制腿部的下落速度而收紧的**髋部屈肌群*会将骨盆上部向前牵拉。**为了抑制骨盆前倾，某些腹肌会收缩。

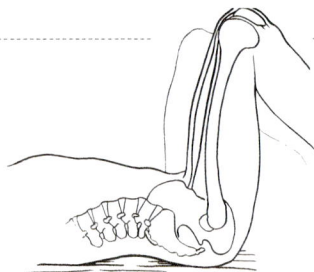

如果无法抑制骨盆前倾，腰部就会前凸。

* 主要指腰大肌、髂肌、缝匠肌、股直肌、阔筋膜张肌。

该体式下的肌肉收缩会导致椎间盘受到强烈挤压，躯干长度变短。

3

在举腿的过程中**如果不固定骨盆，后者便会在"正位点"两侧游移。**

因而固定骨盆非常重要，腿部的摆动必须伴随骨盆位置的稳定，以及与各自的运动极限适配。

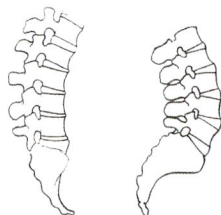

动作过程中，椎间盘会由前部受挤压过渡到后部受挤压。这一过程中，椎间盘承受着该动作带来的过度的负荷。

在仰卧举腿练习中，**动作对腰椎间盘造成的挤压**可能会对其造成伤害。

如何在仰卧举腿中保护腰椎？

注意

务必保持骨盆处于中立位。收腿时，骨盆不要后倾（这需要背肌的参与，见第39页）；落腿时，骨盆不要前倾（这时是腹肌特别是腹直肌在发挥作用）。为此，腹肌要足够强健，否则无法使骨盆保持中立位，甚至难以感知骨盆是否发生了移动。

怎样防止骨盆倾斜？

将一只手平伸垫于腰下，掌心触地，**以防背部拱起**。

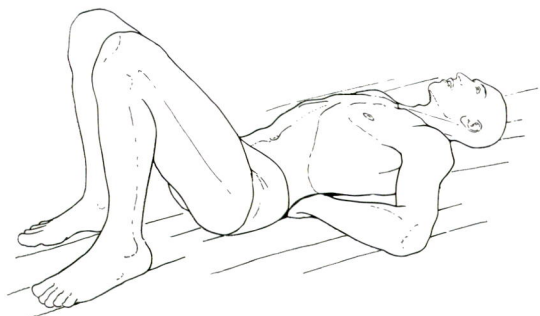

抬起一条腿（膝关节可以伸直，也可以弯曲）。

另一条腿的膝关节弯曲，整个脚掌压住地面（这样可以**防止骨盆向前拱起**）。

抬起的那条腿做各种动作，同时注意调节动作强度。

> 练习过程中，可以尝试：
> · 不借助脚踩地的力量（此时腹肌会参与动作）；
> · 避免腰部碰触到腰下的手背（此时背肌会参与动作）。

俯卧撑

俯卧撑怎么做?

动作要领

做俯卧撑时,只有脚趾和手掌触地,身体其他任何部位均不可触地。

不要让腰部拱起或塌陷,不要撅屁股。

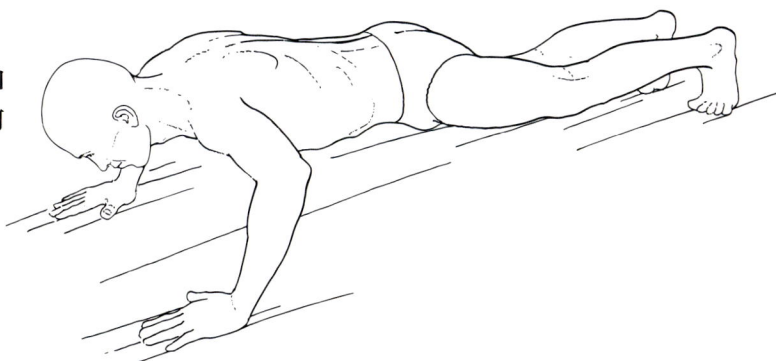

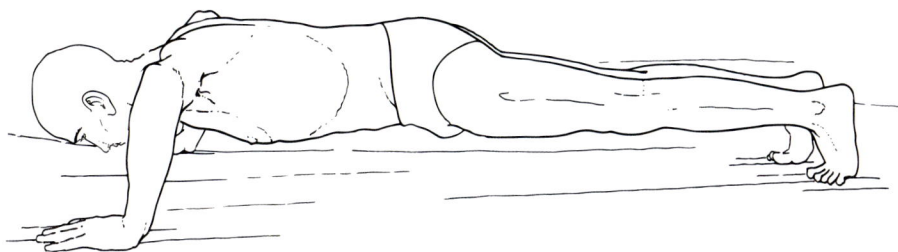

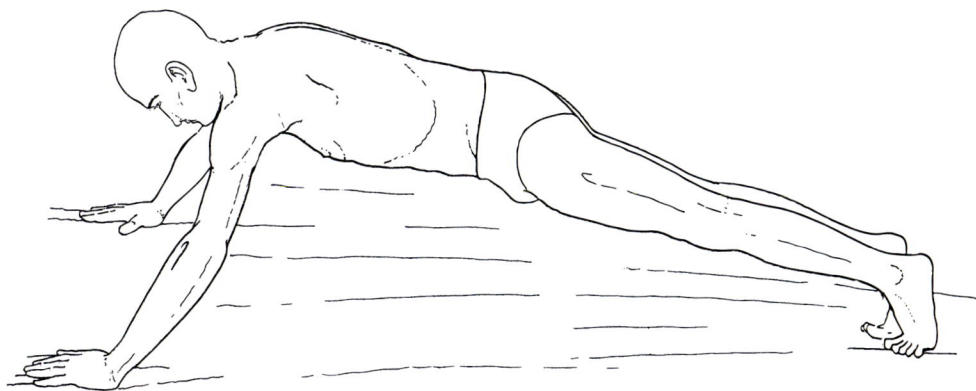

进行俯卧撑练习时,身体要始终保持呈一条直线。

如何通过俯卧撑练习来锻炼腹肌?

动作起始阶段,需要平衡手和脚的力量分配以支撑身体,此时双腿和躯干无支撑。

1

腰椎伸展,趋于前屈,骨盆随之前倾。

为了避免这种情况,需要收缩腹肌。此时,腹肌进行的是等长收缩。

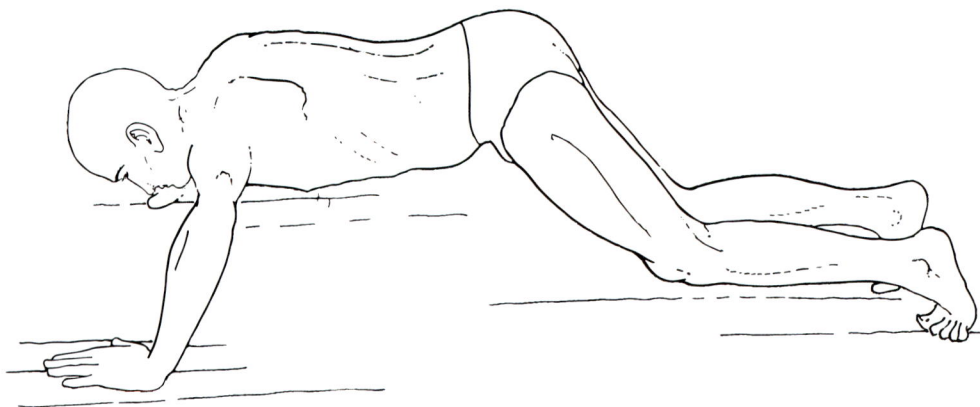

2

髋关节、膝关节、踝关节趋于弯曲。

为了避免这种情况,相关部位的伸肌必须同时收缩。

3

腹部朝向地面,受重力作用趋于外凸。

为了避免这种情况,腹肌必须收紧。此时,它发挥的是其对内脏的作用。

之后,肘关节交替屈伸, 需要肘伸肌的收缩以完成动作(身体抬升时,肘伸肌使肘部伸展;身体下降时,肘伸肌抑制肘部屈曲)。

在俯卧撑练习中,腹肌进行等长收缩。如果能保证骨盆处于中立位,比起仰卧起坐,俯卧撑的运动强度足够大且对骨骼没有伤害。但在俯卧撑练习过程中,腕关节的承压时间会比较长,因此可能对腕关节造成损伤。但是,俯卧撑练习过程中腹肌的作用方式没有变化,也没有促进血管分布和排出多余水分。

俯卧撑练习会损伤盆底吗?

1

理论上不会。

2

该动作对盆底来说有一定压力。

在动作过程中,为保证胸廓扩张,声门可能会被关闭。

然而,任何在声门关闭的同时向盆底施加的推力*,都会给盆底带来明显的压力(见第42页)。

* 这股推力可能由以下原因造成。
  · 直接原因:膈肌向盆底方向下降带来的推力;
  · 间接原因:腹肌自下而上对声门施加压力,声门关闭后,这股压力会被反弹至盆底。

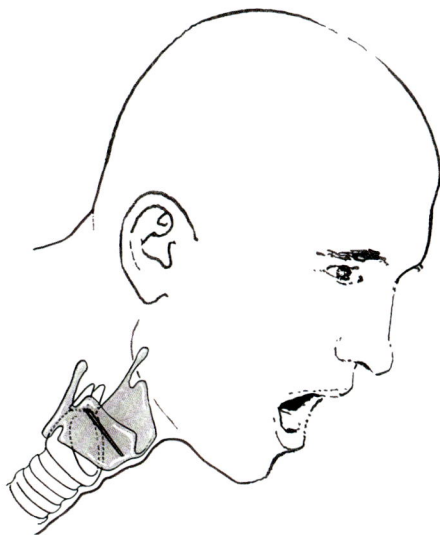

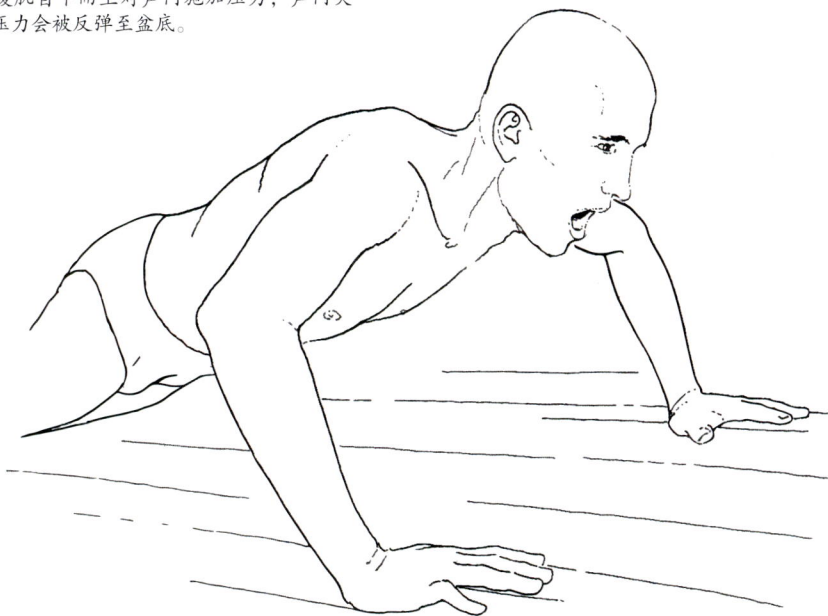

在进行俯卧撑练习的过程中,不要屏息,特别是不要在声门关闭时继续对盆底施加推力。

俯卧撑练习如何影响腰椎?

腰椎前凸与椎间盘受压

如果腹肌力量不足, 在进行俯卧撑练习时就无法很好地控制躯干, 这样的话, **腰部便会前凸。**

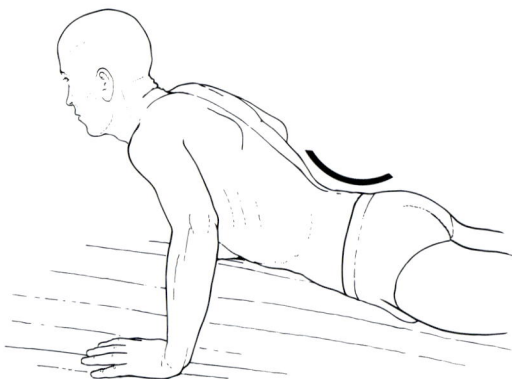

腹部放松时, 这一现象更为明显——腹部会明显下沉。

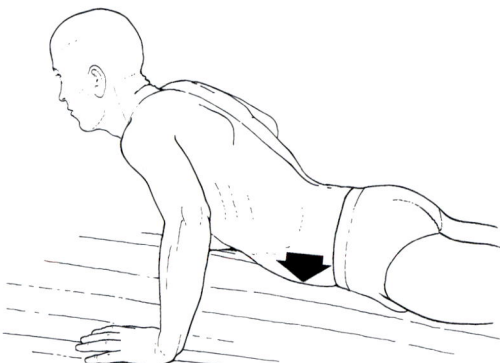

腰椎前凸本身并无伤害, 但此时它是在椎间盘被高度压缩的情况下发生的, 这是由于支撑躯干的相关肌肉尽力收缩造成的。

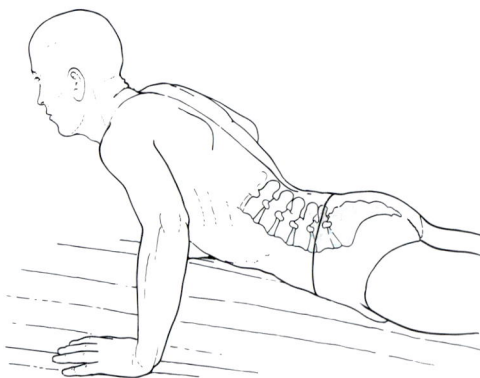

腰椎前凸和椎间盘受压合并作用, 会导致腰椎间盘负荷过大。

如何在俯卧撑练习中保护腰椎？

注意

如果没有足够的力量使躯干与腿呈一条直线，**可以微微撅屁股**。

当然，这样做是不符合动作标准的。但对于初学者来说，这样可以有效降低动作的难度。此时，腹肌主要参与收腹，就不需要再花费太多的力量来固定骨盆了。

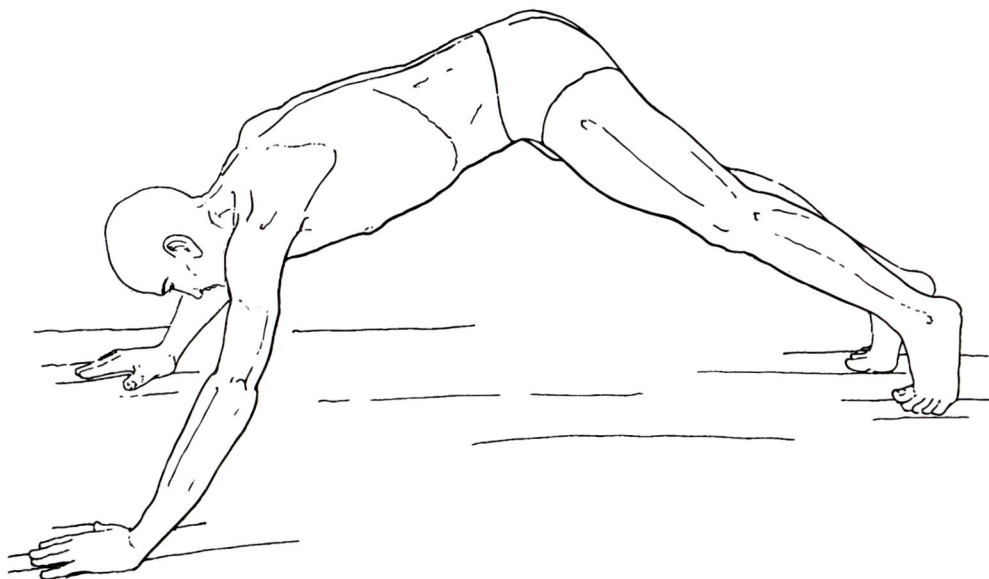

在进行俯卧撑练习的过程中，不要屏息，尤其不要对已经关闭的声门再额外施加推力。

仰卧转体

仰卧转体怎么做？

动作要领

仰卧，手臂自然放于体侧，并与身体保持一定的距离。膝关节屈曲，脚后跟收于臀部附近。

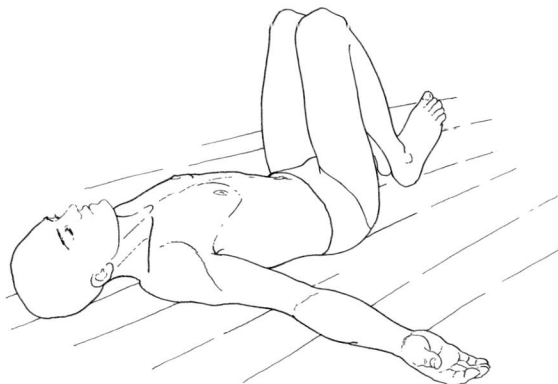

双腿倒向身体一侧，然后立起，再倒向另一侧。如此反复。

变式练习

膝关节可以弯曲或伸直，腿部下降的幅度可大可小，也可下降至触地。

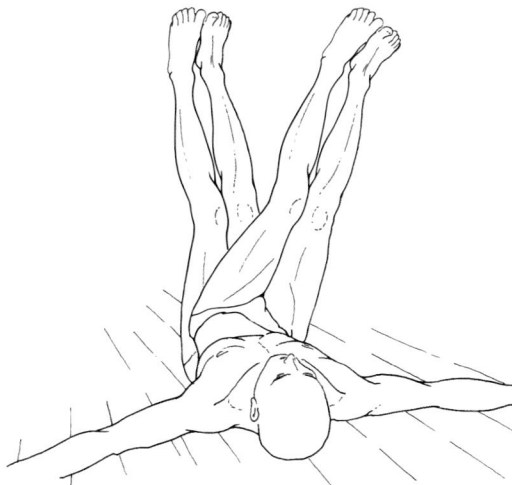

105

仰卧转体练习如何锻炼腹肌?

当腿倒向一侧时,骨盆会被带动进行同方向的扭转。

腿和骨盆扭转的主要施动者是腿部的重量。

为了达到训练效果,需要控制腿部下落的速度,同时要控制躯干的扭转程度。因此,对侧的肌肉(主要是腹斜肌)需要进行收缩。

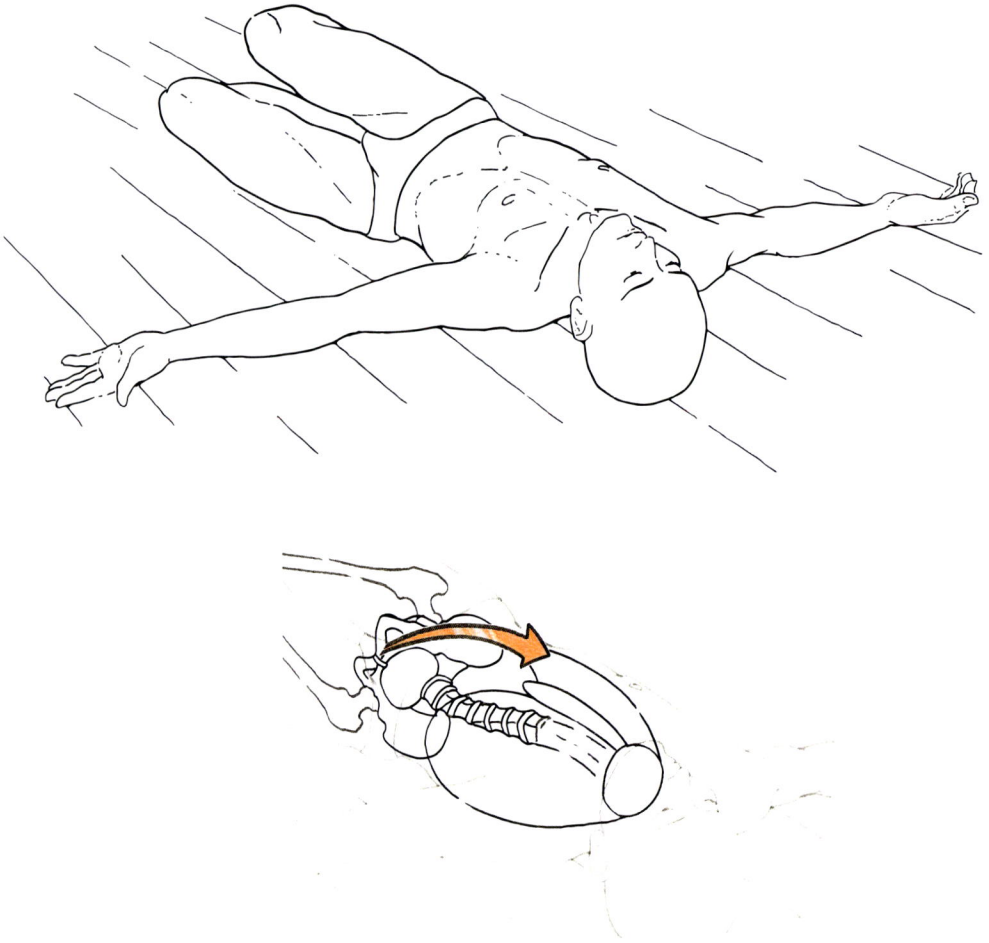

在转体过程中,腹肌并不带动腿部的运动,而是控制躯干的运动。
腿部和骨盆的联动通过髋部肌肉实现。

腹斜肌的作用模式如何变换？

此处，我们分析腹斜肌在腿部起落过程中的作用模式。

腿部**下落时**，腹斜肌参与**控制**骨盆扭转和腿部下落的速度。腹斜肌这时的收缩被称为"离心收缩"，也就是说，肌肉在收缩的同时被**拉长**，因为它的两个附着点在彼此远离。

腿部立起时，腹斜肌会**参与**躯干向反方向的转动。腹斜肌这时的收缩被称为"向心收缩"，也就是说，肌肉在收缩时长度变短，其两个附着点彼此靠近。

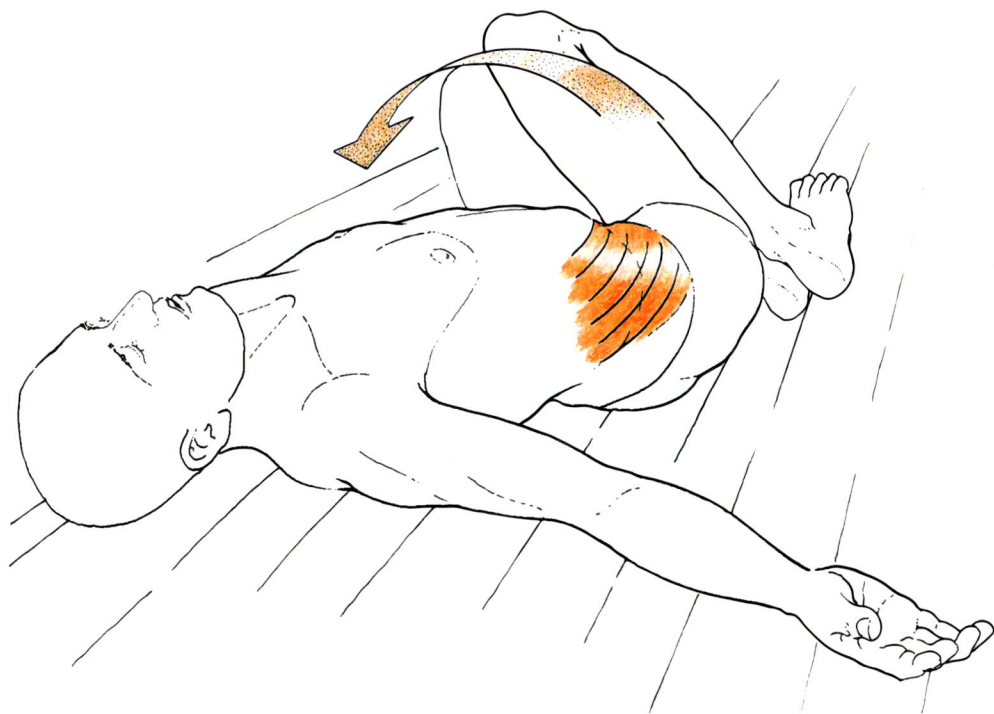

因此，腹斜肌在腿部下落和立起的过程中作用是不同的。
这有利于改变肌纤维的长度（见第65页），从而有助于肌肉收缩过程中的血管分布和排出多余水分。

仰卧转体会对腰椎间盘造成伤害吗？

进行仰卧转体练习时，腰椎会在骨盆的牵拉下发生**扭转**。

同时，为保持躯干的位置，以及使躯干和腿部（在腿部抬升时）发生扭转或（在腿部下降时）控制其扭转，**腹肌会进行强烈收缩**。由此导致的躯干收紧，会对椎间盘造成强烈挤压。

身体扭转和椎体的挤压都可能导致椎间盘损伤。如果你本来就存在椎间盘损伤，或者椎间盘非常脆弱，更应当注意。

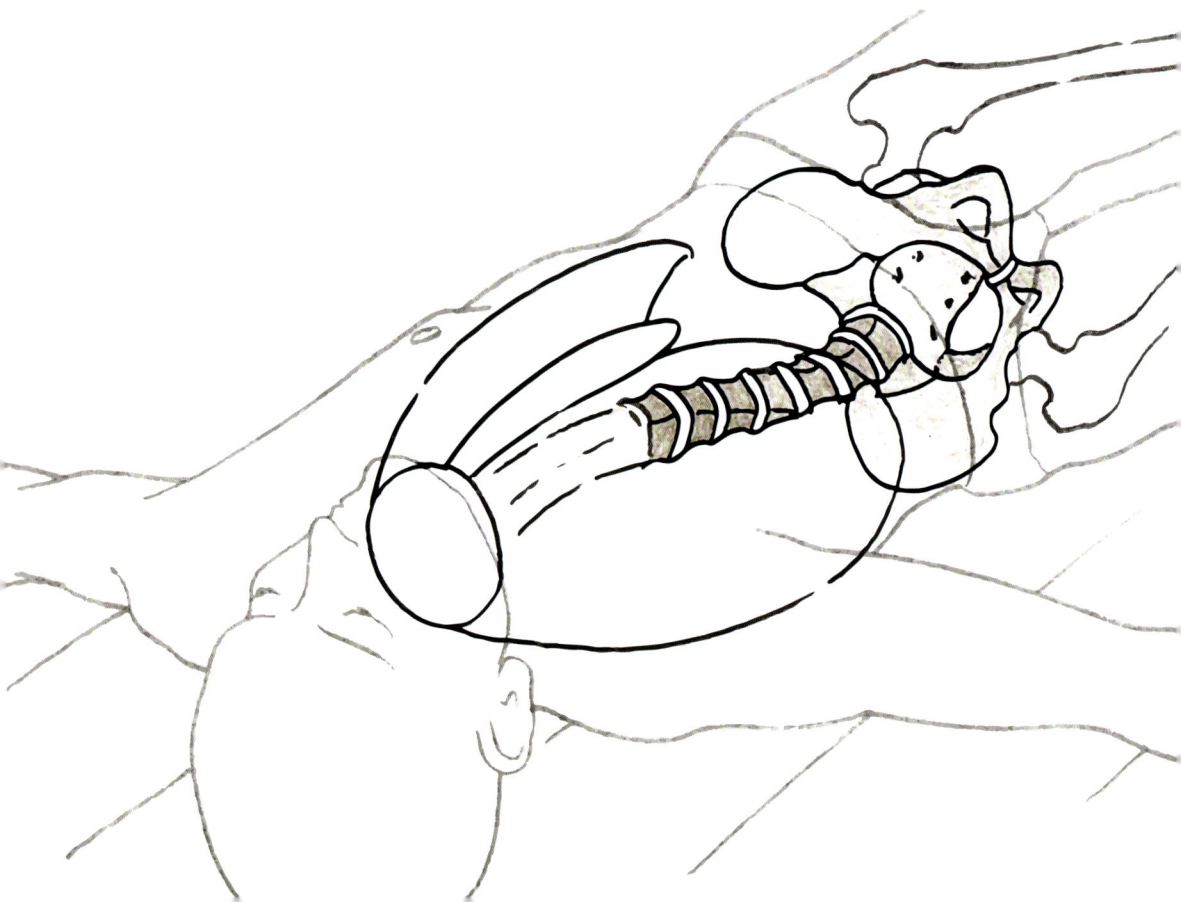

仰卧转体时如何保护腰椎间盘？

1

降低训练强度：

·膝关节弯曲，将脚跟适当靠近臀部，这样可以缩短腿部杠杆的力臂（见第93页）；

·减小动作幅度，不用让腿非要碰触地面。

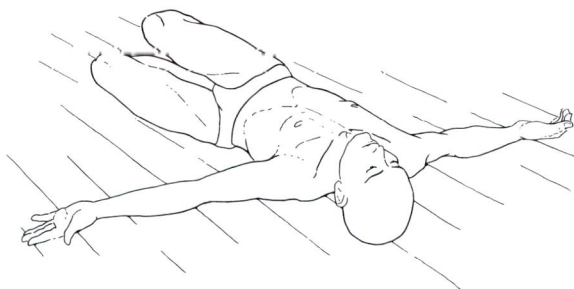

2

动作过程中可略作停顿（腿立起时停顿），这样能让肌肉组织稍微休息一下。

> ！大家通常都是在腿部碰触地面时停顿休息。但当腿部碰触地面时，动作幅度最大，扭转和压迫的程度也最大。所以，还是在腿部立起时休息比较好。

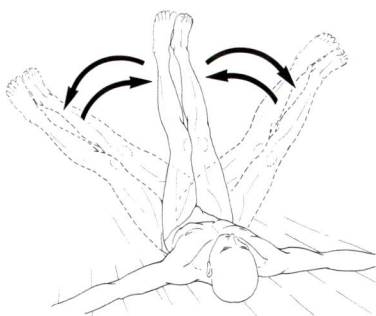

3

手掌向下，用手臂按压地面来进行辅助。此时，背肌和腹肌都会参与动作——背肌的介入可以在动作过程中更好地支撑椎骨，从而支撑椎间盘。

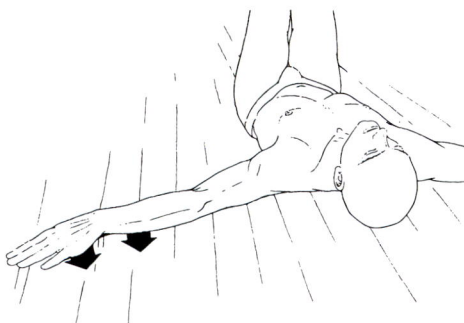

呼气时收腹

呼气时收腹可以调动腹横肌

腹肌训练时,通常是在**大口呼气**时收腹。张口呼气,甚至将声门打开呼气,是练习时的常见要求。

张口呼气可以精准调动腹横肌。为什么呢? 因为张口呼气,气体的排出速度非常快,在补呼气量*状态下呼气动作会迅速完结。而像这样充分呼气时,所有腹肌中腹横肌的作用最高效。

*见作者的另一部著作《呼吸运动全书》,第18页。

腹肌训练时常常要求充分呼气,同时收腹,就是为了在练习中更准确地调动腹横肌。

腹横肌收缩可收腰，但也有弊端

收缩腹横肌可以收腰。

腹横肌的作用在腰部最为明显，因为在这个区域，它的肌纤维最长也最多。在收腹的同时，我们会觉得**腰身也收紧了，就好像系了一条腰带**。

腹横肌收缩不直接带动腹腔脏器上提或下沉。**收紧腰腹部会导致胸腔**脏器被向上、下两个方向推挤。**这会导致腹部下沉，向盆底移动**（见下一页）。

腹横肌收缩会**向两侧撕扯白线**（见第47页）。

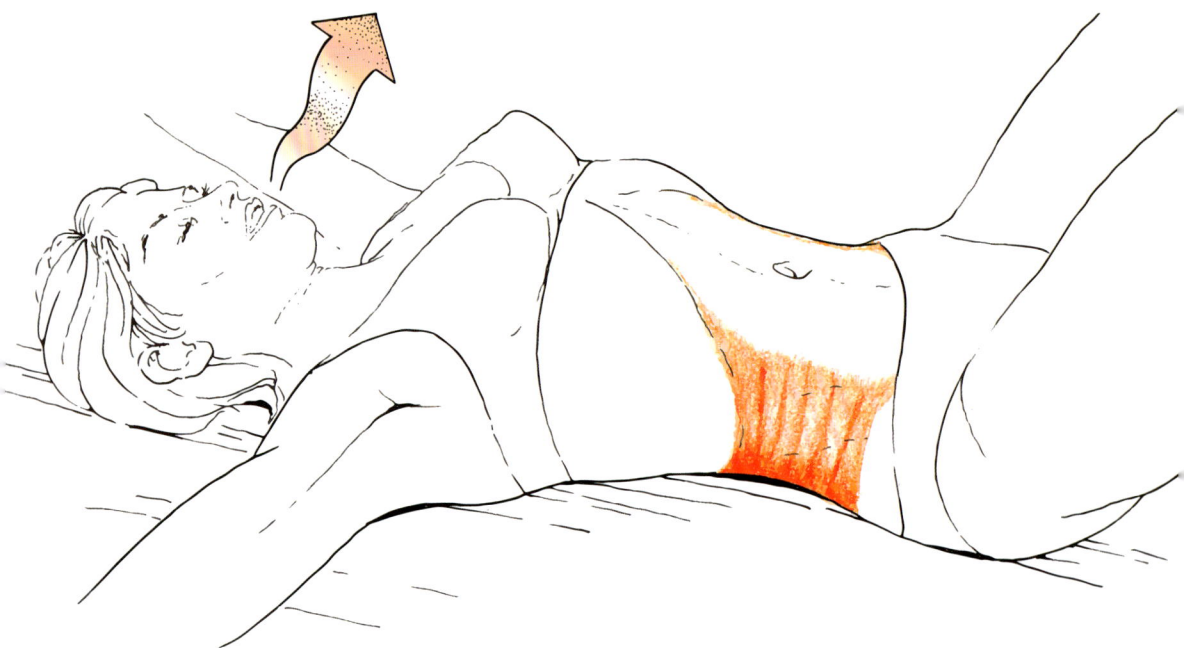

腹横肌收缩对盆底的影响

仅收缩腰部或者腰部以上的**腹横肌**可能会伤害盆底。

尤其是呼气时收缩腹横肌，此时，腹部很可能被收缩成沙漏状，腹腔脏器会因此被向上和向下推挤。

腹腔脏器被向上推挤不会对盆底造成不良影响。但是，如果腹腔脏器被向下推挤，则会对盆底造成压力，可能会对其造成伤害（伤害与否取决于盆底的强韧程度）。

腹肌训练本身就会对盆底造成一定的压力（如在仰卧起坐动作过程中，躯干向前卷屈的阶段），呼气会加大由腹横肌带给盆底的压力。

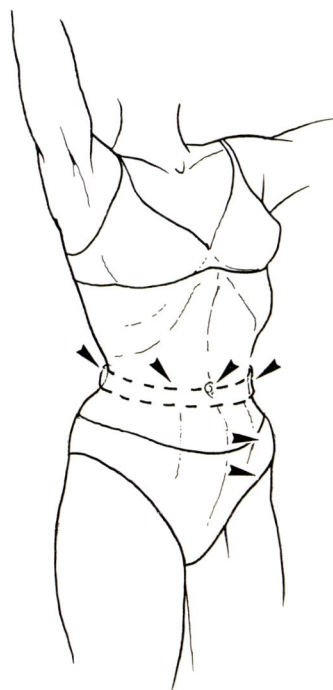

由此可见，虽然大多数腹肌训练都要求搭配呼气动作（因为非常协调），但对于盆底来说，在进行腹肌收缩时吸气并扩张胸廓，压力才不会太大，因为这样可以减轻腹横肌收缩带给盆底的压力。

腹横肌收缩对白线的影响

1

腹横肌的可收缩部分在腰部两侧，腹横肌肌纤维向内横行于腱膜，参与白线构成。腱膜和白线本身无法收缩，而是随着腹横肌的收缩受到牵拉并紧绷。

腹部左右两侧各有一块腹横肌。**当腹横肌收缩时，筋膜会被朝腹部两侧牵拉。**因此，**当腹横肌收缩时，会对白线造成撕扯。**正常情况下，白线可以承受这种撕扯。

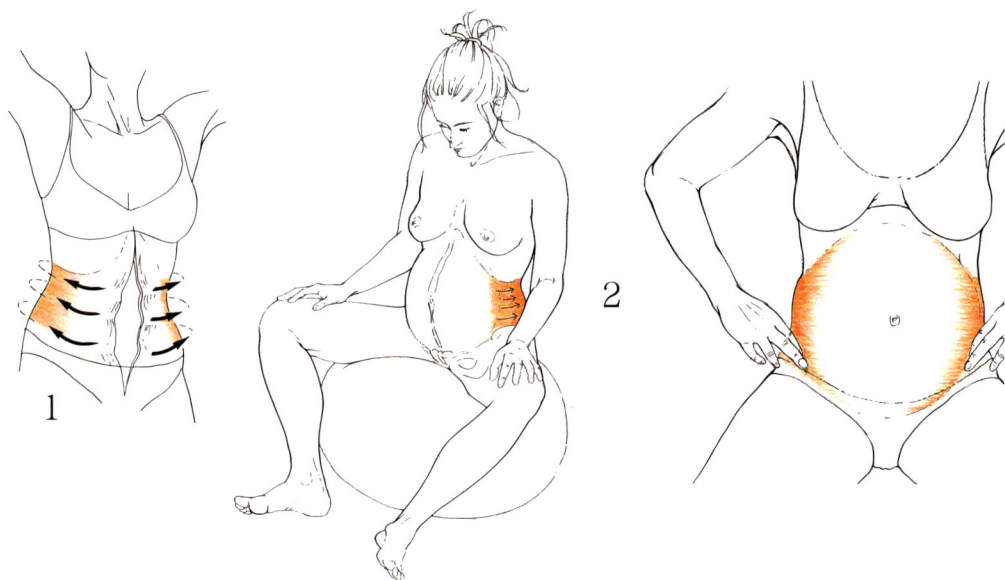

2

但是，在生命中的某些阶段（如妊娠后期），白线会被极其强烈地撕扯。分娩后，白线虽然在逐渐恢复，但此时，它还无法承受过大的牵拉力。

> **R** 孕期（尤其是孕晚期）女性、刚刚分娩过的女性或者有白线疝或脐疝的人士，应尽量避免在腹肌训练中调动腹横肌。在训练过程中，收腹时不要呼气，而是收腹的同时进行胸式吸气。

腹横肌收缩对腹肌协调的影响

1

自下而上地收缩腹肌,下腹部肌肉保持收紧不放松。

当我们依照由盆底到腹肌这种自下而上的锻炼*时,在运动的开始阶段,即下腹部腹肌收缩时,保持盆底肌紧张很容易做到。

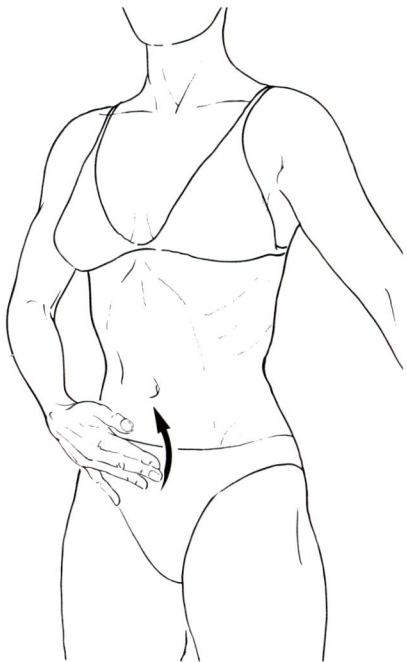

然而,当腹肌的收缩自下而上进行到上腹部时,盆底通常会有放松的趋势,也就是说,盆底肌不再收缩。

*见本书作者的另一部著作《盆底运动解剖书》,第110~112页。

2

腹横肌"阻碍"腹肌自下而上地收缩。

腹肌自下而上收缩到腰部时,腹横肌水平方向上的肌纤维发挥作用。在前文中已经介绍过(见第23页、第55页和第113页),腹横肌可以横向收紧腰身,如同把躯干分成上下两半。

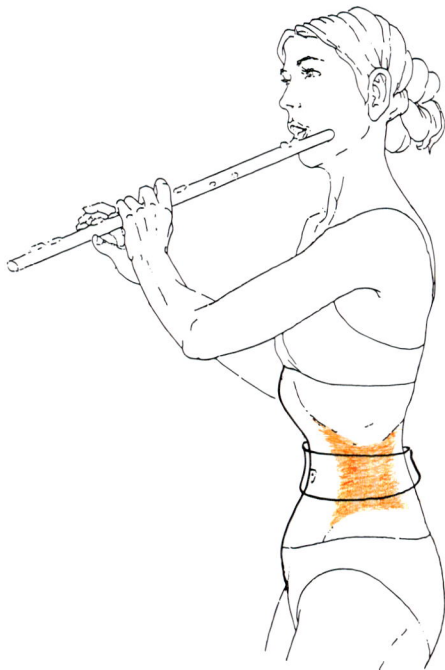

此时,腹腔脏器会被向上和向下推挤。被向下推挤的腹腔脏器对盆底造成压力,这会导致盆底肌松弛。

由此将产生与盆底训练相反的结果——由盆底向腹肌自下而上地肌肉收缩变成了腹肌收缩+盆底肌放松。

本书后续章节将具体介绍腹部功能康复训练法，其也被称为零风险腹肌训练法。零风险腹肌训练法可以避免三种常见危害：

· 对盆底的危害
· 对腰椎间盘的危害
· 对腹壁自身的危害

零风险腹肌训练法实施起来没有任何风险，它可以重塑躯干肌肉链，练习后，可以给人一种"长高"的感觉，还能刺激腹前部的血管分布，同时锻炼腹部周围的肌肉，包括背肌。

零风险腹肌训练法自2004年问世以来，收到了很多宝贵的经验反馈，这正是我们在本书中呈现的动作套组的描述和说明可以如此细致入微的原因。

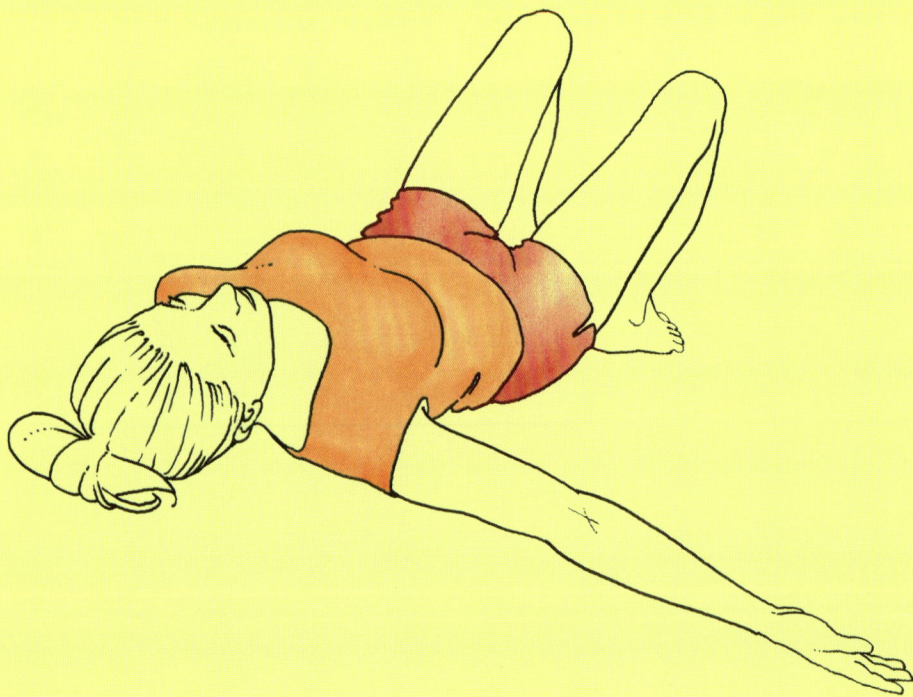

高效、零风险的
腹部功能训练

零风险腹肌训练法的
六大准则

敬告读者

接下来，我们会介绍一系列腹部功能康复训练方法，这些方法均隶属于零风险腹肌训练法。

我们介绍的这些方法不是作为一种医疗手段，而是作为唤醒觉知和体能训练的推荐练习。这些训练方法不特别针对训练者可能存在的病理情况。然而，这些方法也可以被纳入治疗方案中，但须经有资质的专业治疗师依照不同的病理特征对动作进行相应的调整。

从医学角度看，可进行健身运动的读者才适用于本书所推荐的全部练习。因此，本书部分**练习并不面向所有人：被某些疾病困扰或正在接受相关治疗的人需要在动作的选择、禁忌、训练方法和注意事项等方面加以注意，这些疾病包括风湿病、心血管疾病、呼吸系统疾病、神经系统疾病、精神疾病、癌症等。如果你存在上述情况，请务必遵从医嘱。**

本书中推荐的练习并非腹肌训练的唯一方式。**建议选择非日常使用的呼吸方式来搭配这些腹肌训练动作。书中推荐的呼吸方式（特别是胸式呼吸）是腹肌训练的一部分。读者不应将其作为一成不变的呼吸方式，恰恰相反，在锻炼和日常生活中呼吸的方式应该是不同的**（详见本书作者的另一部作品《呼吸运动全书》）。

如果你不是运动疗法医生或健身教练，而且没有运动健身的习惯，请在专业人士的指导下学习接下来的训练方法。

无论吸气还是呼气均须扩胸

首先需要明确的是，呼吸的方式是多种多样的（详见本书作者的另一部作品《呼吸运动全书》）。

在进行腹肌训练时，腹肌收缩使肋骨下降

这样带来的结果为，我们倾向于通过减弱胸廓的扩张度来呼吸，而不是通过吸气或呼气来配合腹部锻炼。

这种情况下：

· 吸气方式通常表现为腹式吸气（此时，膈肌下降，腹部隆起）。

· 呼气方式通常表现为胸式呼气。

然而，通过减弱胸廓扩张度的方式呼吸会使得腹部隆起，对盆底造成压力。显然，这是应当尽量避免的。

因此，在将要推荐给大家的训练方法中，建议使用的呼吸方式是在腹肌作用于骨骼使其收紧的同时扩胸、吸气。

吸气时，扩胸并不困难，但是在呼气时，这种状态就很难保持了，只有受过专业训练的人才能做到。

腹肌训练中，在谈到腹肌对于内脏的作用时，尤其会推荐扩胸呼气的方式，即在收腹的同时保持扩胸的状态。

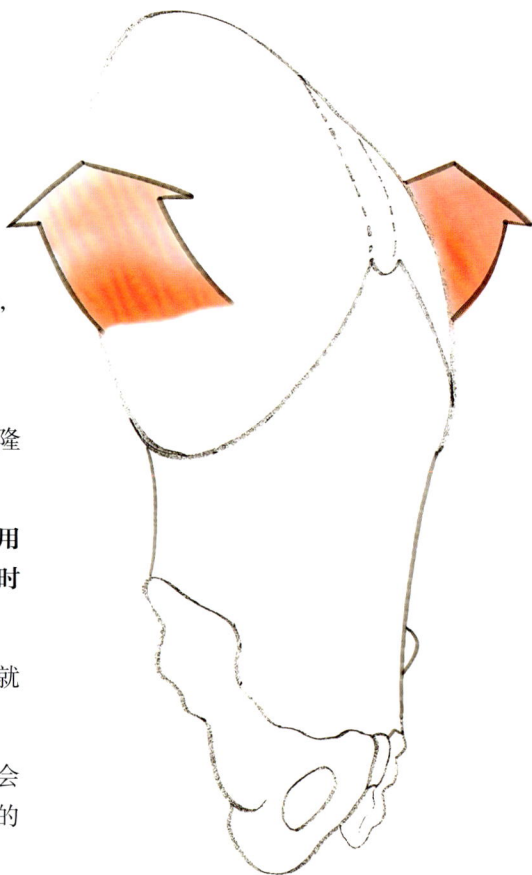

在腹肌训练中，肋骨会被反复下拉。
在动作开始前，应该先收紧肋部；在动作过程中，保持扩胸的状态。
在强度最大的腹肌训练中，不论是呼气（更难）还是吸气（更简单），都应该优先选用扩胸呼吸的方式。
实践：热身动作1和热身动作2（见第128~130页）。

腹肌训练与盆底保护

腹肌训练会影响盆底状态

不恰当的腹肌训练会对盆底造成伤害。相反，如果能够协调好腹肌训练与盆底保护的关系，就会有利于盆底健康。

不恰当的腹肌训练是如何对盆底造成伤害的呢？
· 肋骨下降会推动腹部整体向骨盆方向移动，使盆底部位承受更多的推力。
· 自上而下弯曲脊柱时，腹部会被向骨盆方向推挤。
· 腹肌收缩也会造成腹腔脏器下移。有时，我们会主动制造这种压力（如排便或分娩时）。

在腹肌训练时如何保护盆底？

合理地设计动作。

· 当动作会造成腹腔脏器下移时，通过保持**胸廓扩张**或令**胸廓远离骨盆**，可以减小动作对盆底造成的压力*；
· 在腹肌训练前先进行某些强化盆底的练习，这些练习可以在盆底区域"唤醒觉知"；
· 当动作会造成腹腔脏器下移时，收紧盆底。通常情况下，当腹肌对骨骼的作用占上风时会导致腹腔脏器下移。

*这一点在本书中会被反复提及。书中的训练动作，不会对盆底造成压力，或只造成很小的压力。

在所有腹肌训练中都必须时刻注意保护盆底。
实践：**热身动作3（见第131页）。**

协调腹横肌与腹直肌

3

前文已经提到，在腰部，腹横肌的作用占主导地位，当腹横肌收缩时，会将腹部"一分为二"，造成"蜂腰"效果。因此，要想将整个腹部收紧，就必须协调腹横肌和其他腹肌的作用。

收缩腹直肌

如果不想在收缩腹横肌时腹腔脏器下移，就必须同时收缩腹直肌的下段。在后文提到的训练方式中，每当腹横肌对内脏的作用占上风时，都必须同时收缩腹直肌下段。

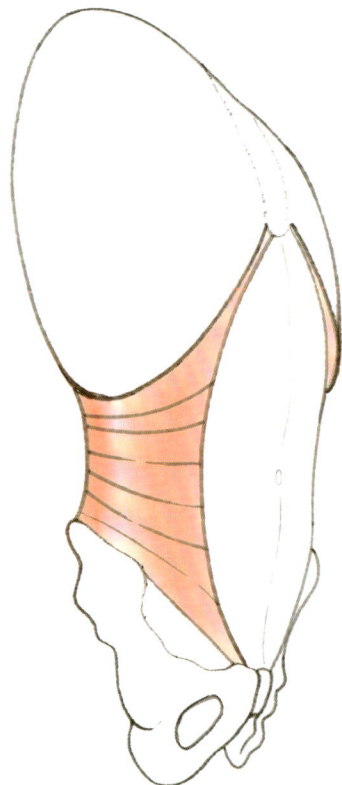

R

为什么要在训练中协调腹横肌与腹直肌？
因为在腹前壁，腹直肌的肌纤维是唯一一组可以提升腹腔脏器使其远离盆底的肌纤维；同时，腹直肌也是唯一一个不会在收缩时撕扯白线的腹肌（见第47页）。
实践：热身动作4（见第132页）。

协调腹横肌与腹斜肌

如前文所述，如果想将整个腹部收紧，就必须协调腹横肌与其他腹肌的作用。

收缩腹斜肌

如果想在收缩腹横肌时避免将腹腔脏器朝下腹部挤压，就需要借助收缩腹斜肌下缘的肌纤维来进行牵制。在后文中提到的训练方式中，每当腹横肌对内脏的作用占上风时，都必须借助腹斜肌的这一功能。

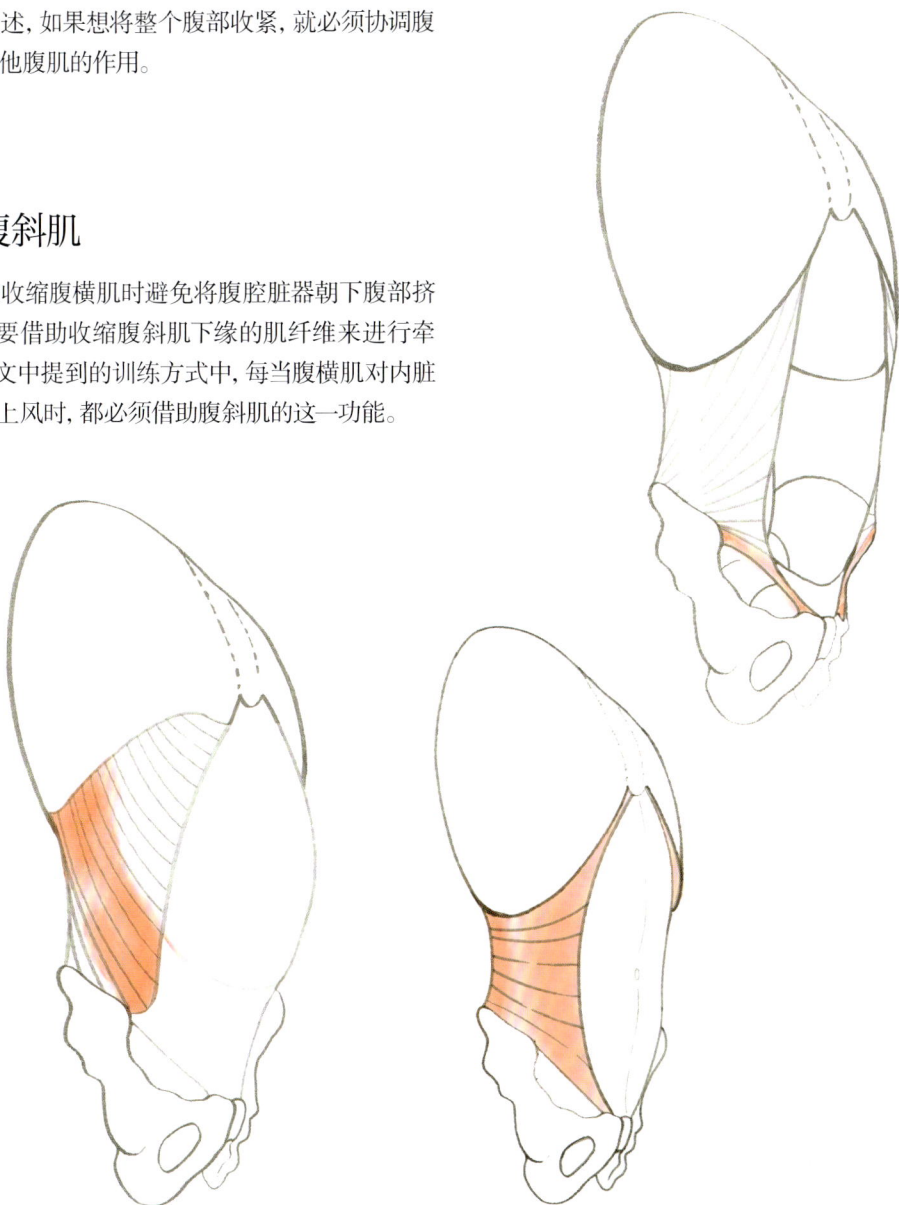

为何要协调腹横肌与腹斜肌?
因为腹斜肌下缘的肌纤维可以阻挡腹腔脏器的下移。
实践：热身动作5（见第133页）。

训练腹肌和臀肌前先打开髋关节

后文介绍的训练方式中，有些动作会同时训练
腹肌和臀肌。但是，这两组肌肉都可以导致骨
盆变成后倾位。

1

髋关节不适应骨盆后倾体态

通常情况下，由于身体前侧的相关韧带和肌肉
过短，髋关节会被向前固定，轻微前屈。而身体
前侧相关韧带和肌肉过短多由久坐导致。这种
情况下，强化臀肌会压迫髋关节，甚至会导致关
节软骨磨损。

2

如果髋关节前屈

则会导致在站姿下骨盆前倾。此
时，在对导致骨盆进入后倾位的腹
肌和臀肌进行强化训练前，应先放
松髋关节前部起限制作用的韧带和
肌肉。

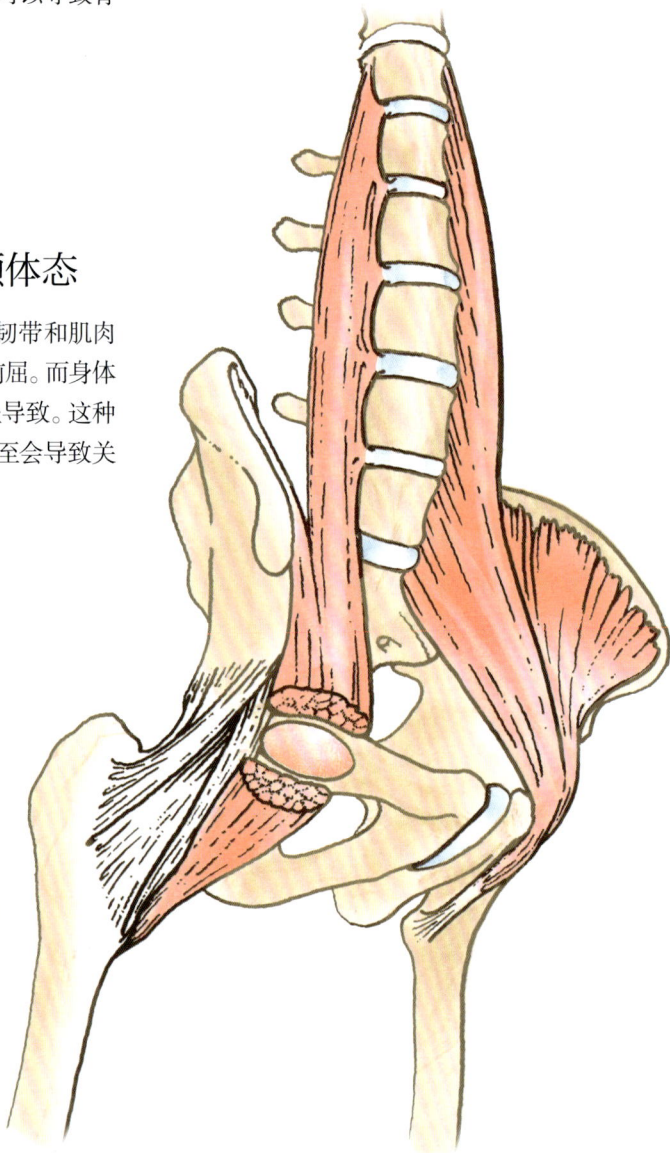

在强化臀肌和腹肌前，需对牵拉髋关节前侧肌肉的韧带进行放松练习。
实践：热身动作6（见第134页）。

腹肌、背肌综合训练

腹肌收缩可以使骨盆后倾，同时使腰椎的生理性弯曲减小或消失

尽管必要时需要进入上述体式，但下背部挺直、伸长并不是腰椎应有的状态，腰椎本身具有自然的生理性弯曲。

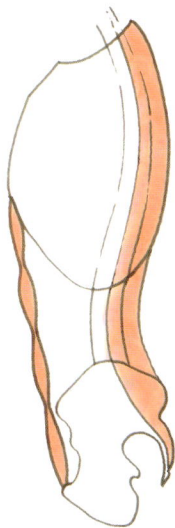

因此，每当动作要领中要求收缩腹肌、伸直躯干时，也都强调要保持腰椎的生理性弯曲。

为此，在收缩腹肌的同时背肌（见第39页）也要收缩。

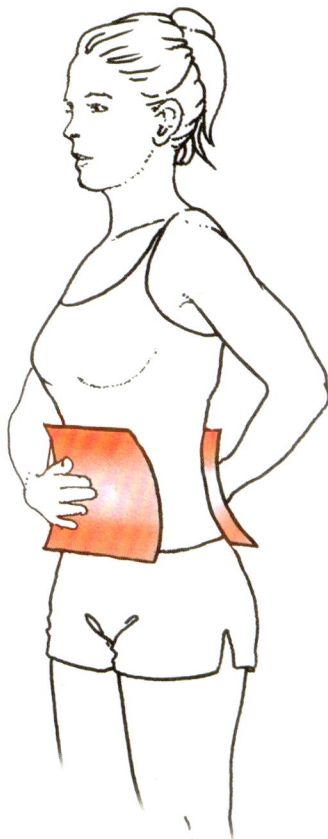

背肌和腹肌协同作用，可以使腰椎既不过分前凸，也不过分后凸。

在进行腹肌训练时，保持骨盆和背部处于中立位非常重要。要做到这一点，仅靠腹肌是不够的，还应当调动其他肌肉，特别是位于骨盆和脊柱后侧的肌肉。
实践：热身动作7（见第135页）。

七个热身动作

在零风险腹肌训练法中,有些动作是用于热身的,它们可以使身体适应腹肌收缩带来的变化。

为了更好地进行本训练法中的主要训练动作,需要首先掌握以下七个热身动作。

1.活动肋骨(见第127~128页)

既要学会扩张胸廓,也要学会压缩胸廓。在能够主动扩张胸廓前,先要拥有一个放松、灵活的胸廓。

2.主动打开胸廓(见第129~130页)

在屏息和呼气时都要保持胸廓扩张的状态,为此,需要逐步提高胸式呼吸中吸气肌的力量。

3.协调腹肌与盆底肌(见第131页)

需要在收缩腹肌的同时保持盆底肌紧张。即使是非常轻微的盆底肌收紧也十分必要。

4.协调腹直肌与腹横肌(见第132页)

5.协调腹斜肌与腹横肌(见第133页)

6.协调两侧髋关节(见第134页)

7.协调腹肌与背肌(见第135页)

根据训练水平和平时的运动习惯,热身的时间因人而异。进行正式训练前必须进行热身,热身动作可贯穿训练的始终。有时,也可将热身动作作为唤醒觉知的手段。

活动肋骨

在零风险腹肌训练法中，训练肋弓的活动性非常重要。为什么呢? 因为在正式的腹肌训练中, 经常会要求训练者主动扩张胸廓。但是, 这可能造成相关肌肉痉挛和胸廓僵硬。因此, 在第一阶段的训练中, 我们会专门调动肋骨进行被动运动。肋骨的被动运动, 既包括使其充分向体前抬升, 也包括使其向背部下压。

在本章节介绍的动作中, 肋骨的活动主要借助手臂的动作来完成。注意: 这个练习不适合肩部有问题的人做。如果你肩部有问题, 可以采用其他体式进行练习。

1a 手臂触地

仰卧屈膝, 左臂贴地, **在体侧画弧**。你会感到, 当手臂向上运动时, 胸廓会随着一起运动。

用右手感受肋骨随着左臂向上摆动而抬升, 以及之后将左手收至体侧时肋骨回到正常位置。

1b 重复动作1a

在同侧重复动作, 感受手臂上抬时**肋骨打开的那侧用力进行的胸式吸气**。手臂回到体侧时, 肋骨回到正常位置。

重复动作, 尝试感受胸廓扩张和回缩的区别。

换方向重复数次上述练习。

如果手臂直接在地面上摆动让你感到不适, 可以在摆动侧手臂下方垫一个垫子。

如果你不是运动疗法医生或健身教练, 而且没有健身、运动的习惯, 请在专业人士 (最好已接受过零风险腹肌训练法培训) 的指导下学习本书后续将要介绍的训练方法。

活动肋骨

1c 双臂一起动作

双臂同时进行前文所述的动作。

在动作过程中转动手臂,改变手心朝向,
寻找令你肩部最舒适的朝向。

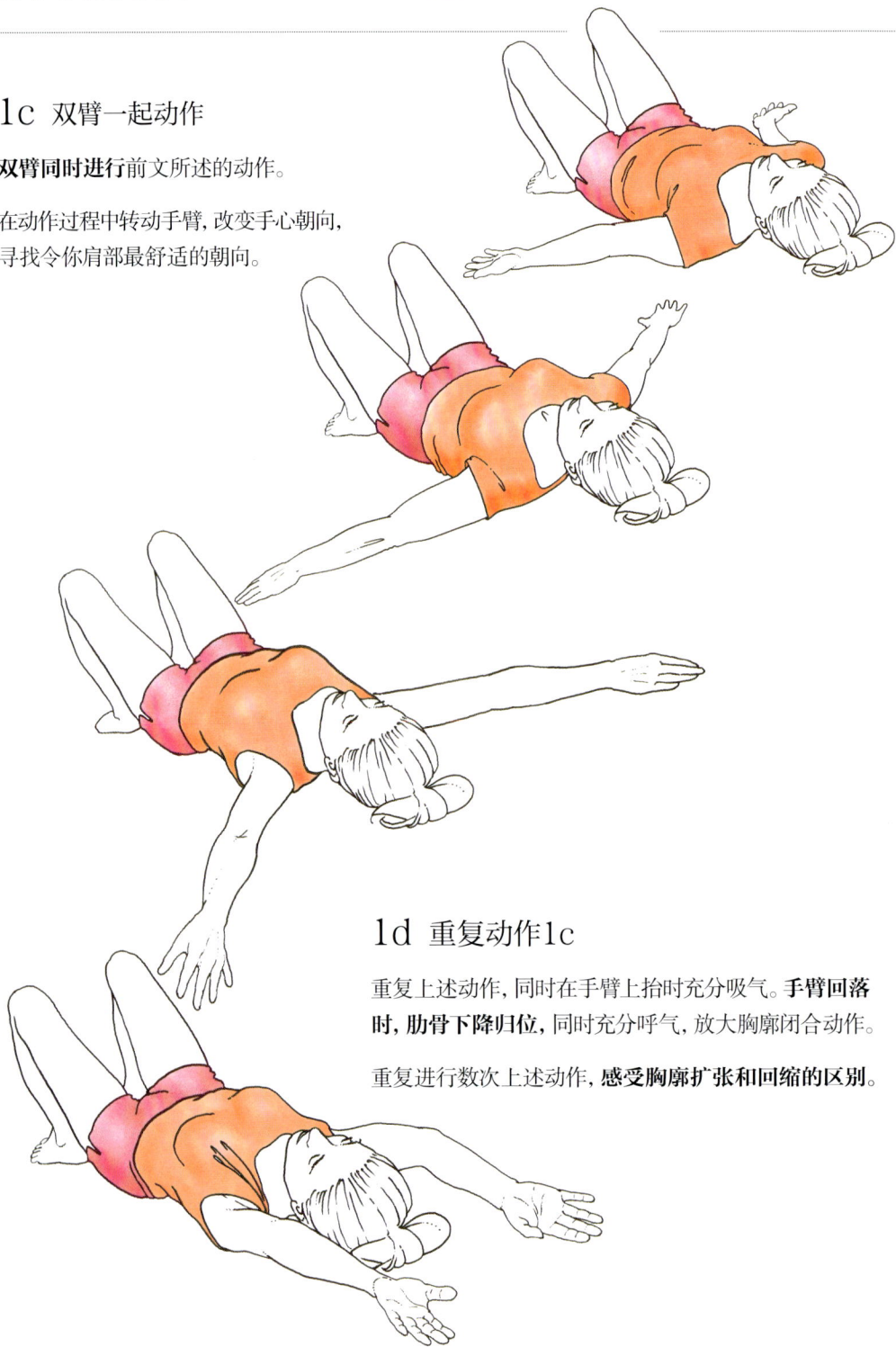

1d 重复动作1c

重复上述动作,同时在手臂上抬时充分吸气。**手臂回落时,肋骨下降归位**,同时充分呼气,放大胸廓闭合动作。

重复进行数次上述动作,**感受胸廓扩张和回缩的区别。**

主动打开胸廓

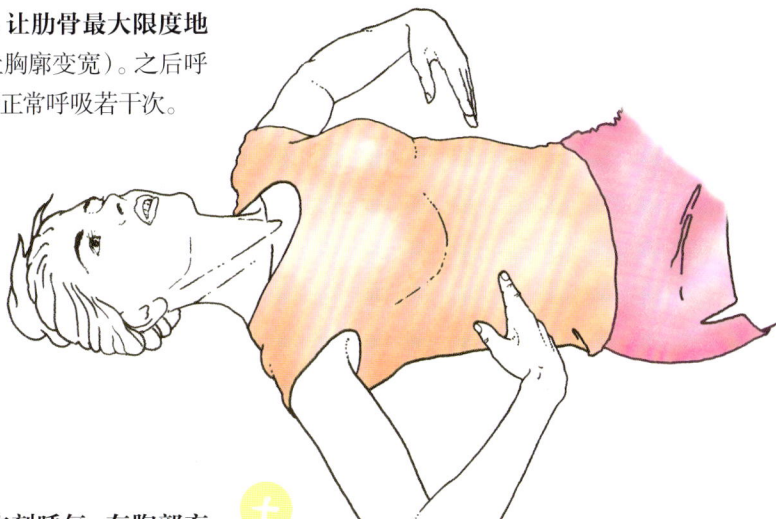

2a 仰卧

采取仰卧姿势，**充分吸气，让肋骨最大限度地向两侧打开**（就是尽量让胸廓变宽）。之后呼气，让肋骨回到原位。然后正常呼吸若干次。

2b 重复2a的动作

并且在充分吸气后不要立刻呼气，在胸部充盈的状态下略作停留。之后，充分呼气，再正常呼吸若干次。

这个动作可以训练胸式呼吸的吸气肌，特别是前锯肌。

2c 重复2b的动作

这一次，在充分吸气后多停留几秒钟，之后呼气放松。重复这个动作，并尝试每次稍稍增加屏息的时间（练习几次后，屏息的时长可以从5秒延长到15秒左右）。正常呼吸若干次。

这个动作还是在锻炼胸式呼吸的吸气肌。这个练习可以使这些肌肉变得强韧。

2d 站立，重复2c的动作

站立时，肋骨因为重力的影响会下坠。此时，为了保证胸廓扩张，吸气肌的运动量会增大。

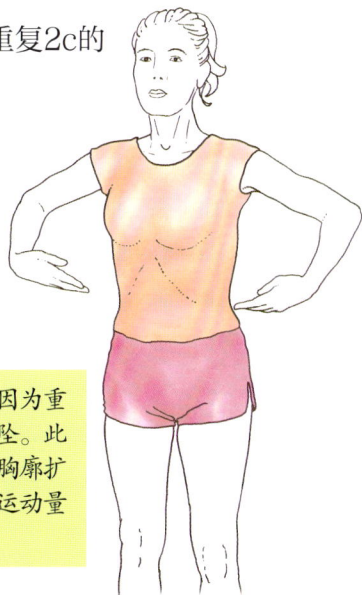

主动打开胸廓

2e 仰卧

采取仰卧姿势，**充分吸气，同时抬高胸骨**（就是让胸廓变厚）。**之后呼气，让胸骨回到原位**。然后正常呼吸若干次。

> 运动过程中，尽量不要让两块肩胛骨之间的背部凹陷。

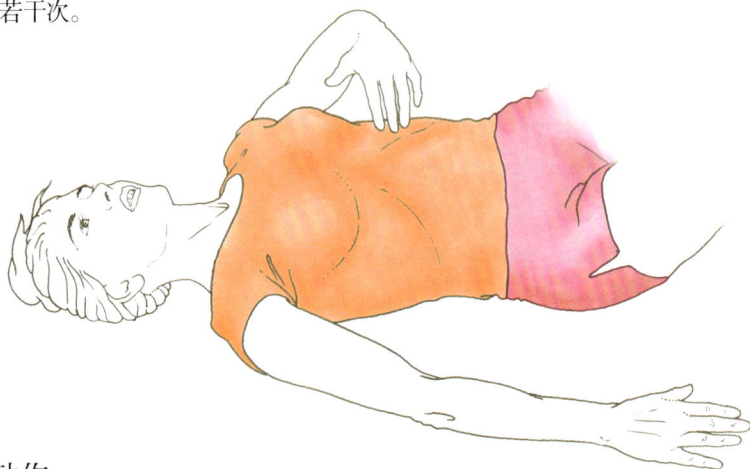

2f 重复2e的动作

并且**在充分吸气后不要立刻呼气，在胸部充盈的状态下略作停留**。之后充分呼气，再正常呼吸若干次。

> 该动作可锻炼肋部吸气肌，特别是胸肌。

2g 重复2f的动作

这一次，在充分吸气后多停留几秒钟，之后呼气放松。重复这个动作，并尝试每次稍稍增加屏息的时间（练习几次后，屏息的时长可从5秒种延长到15秒钟左右）。最后，正常呼吸若干次。

> 这个练习可以使肋部吸气肌变得强韧。

2h 站立，重复2c的动作

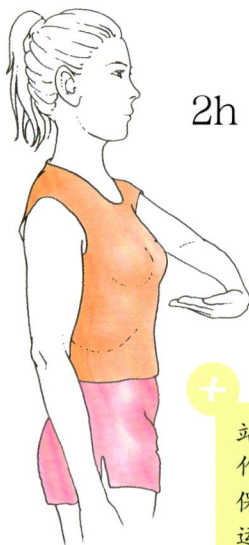

> 站立时，肋骨由于重力的作用会下坠。此时，为了保证胸廓扩张，吸气肌的运动量会增大。

协调腹肌与盆底肌 **3**

零风险腹肌训练法的训练宗旨是不对盆底施压。

腹肌训练中也包含对盆底肌的训练。

3a 仰卧屈膝，双脚平放在地面上

找到腹部最下缘处的腹肌。

将手放在下腹部耻骨上方的位置。

尝试收紧此处的腹肌，用手指感受收紧的区域。

交替进行腹肌的收缩与放松。

3b 保持姿势，尝试交替收缩和放松盆底肌

如果你从未进行过这样的训练，可以尝试收缩肛门括约肌，或者收缩两坐骨结节之间的区域（找到让两坐骨结节相互靠近的感觉）。保持肌肉收缩状态2~3秒钟，然后放松。交替进行肌肉的收缩与放松。

+

如欲了解更多关于盆底肌训练的细节，可以参考本书作者的另一部作品《盆底运动解剖书》中的有关内容。大部分针对盆底肌的训练没有性别之分，男性和女性都可以尝试。

3c 先尝试收缩盆底肌，之后按照3a收缩下腹部耻骨上方的腹肌

重复该动作：收缩盆底肌——收缩位置最靠下的腹肌。

3d 之后，尝试收缩位置较高的腹肌

重复该动作：收缩盆底肌——收缩位置最靠下的腹肌——收缩位置较高的腹肌。

+

该动作中，唯一需要注意的细节是不要放松盆底肌。

协调腹直肌与腹横肌

4

4a 仰卧屈膝，双脚平放在地面上

伸展背部，让骨盆和胸廓相互远离。伸展颈部，让头部远离胸部。将手放在下腹部耻骨上方的位置。

首先，尝试慢慢收紧位于下腹部中间的腹直肌。重复若干次。

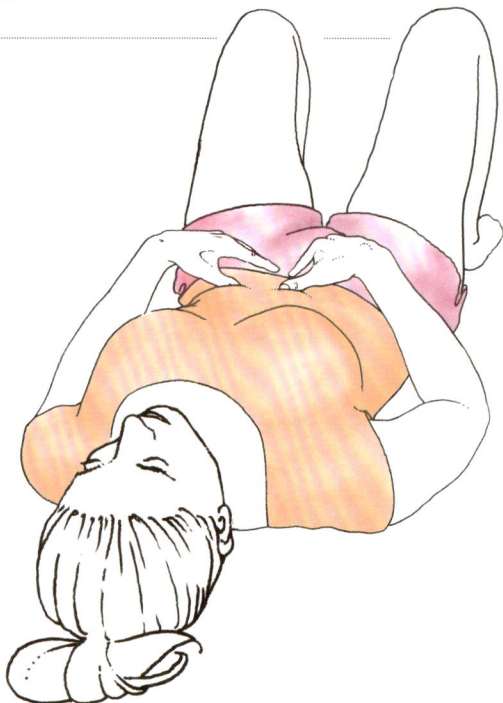

4b 让腹肌收缩自下而上缓慢进行，直至肚脐

注意感受动作的过程。重复动作。

这一步对于推动腹腔脏器向上移动至关重要。

4c 之后，尝试收缩腹横肌

腹横肌收缩会导致腰部收紧（腰好像因此变细了）。**之后，在保持腹横肌收缩的状态下呼气。**

重复动作，直至这三步可以协调进行。

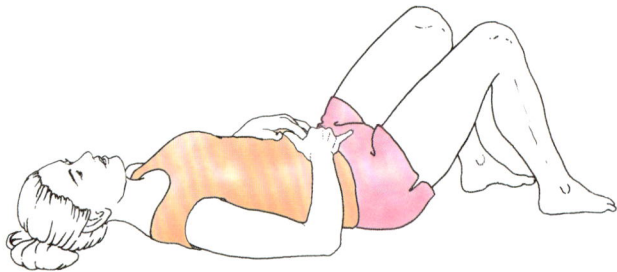

此时，切勿放松前两步中已经收紧的肌肉。

协调腹斜肌与腹横肌

5a 仰卧屈膝，双脚平放在地面上

伸展背部。尝试慢慢收紧两侧腹外斜肌，同时用双手
画出腹外斜肌肌纤维的走向——从骨盆斜向后上方
到肋骨。重复动作。

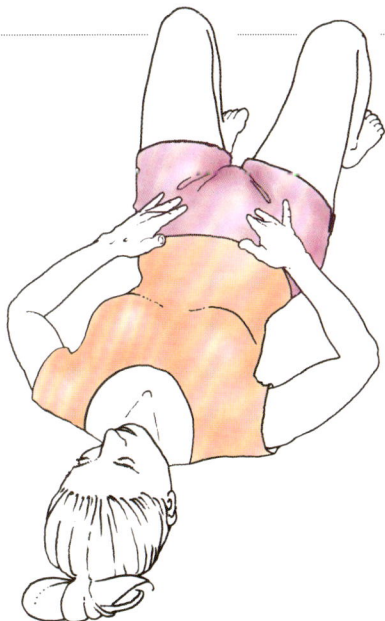

5b 在进行该动作前，先用手指画出腹股
沟韧带的轮廓

（这样一来，你也找到了腹内斜肌的肌纤维走向）
这样做可以更准确地定位被腹斜肌拉紧的区域。
重复动作。

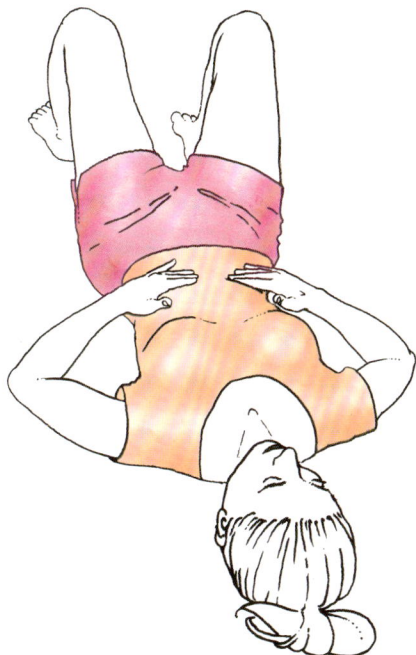

5c 之后，收缩腹直肌

（见前一页4a和4b）。保持下腹部收紧。重复十余次各
动作间的协调，记忆动作要领。

这一步对于推动腹腔脏器向上移动至关重要。

5d 尝试收缩腹横肌

腹横肌的收缩会产生收腰的效果。之后，在保持腹横
肌收缩的同时呼气。

此时，切勿放松前两步中已经收紧的肌肉。

重复动作，直到前三步可以协调进行。

协调两侧髋关节

6

6a 俯卧

用手（左手或右手均可）扳住右腿。

感受右侧骨盆的前倾：此时耻骨会离开地面。

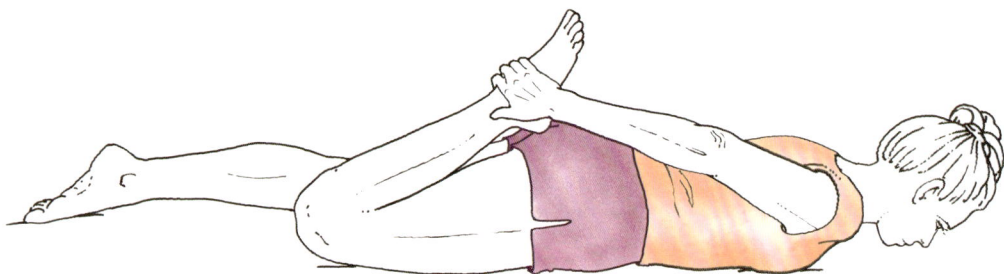

6b 尝试重新让耻骨贴地

这时骨盆处于后倾位。

感受髋关节前侧的拉伸。

调整髋关节，使其没有不适感，在这个体式下保持几秒钟。

搭配呼吸调整髋关节，可以吸气（以便打开髋关节），也可以呼气（以便放松或打开髋关节）。

然后放松。

重复数次上述动作，之后换方向进行练习。

协调腹肌与背肌

7a 仰卧屈膝，双脚平放在地面上

将一只手平放在腰部下方。微微抬起下背部，让此处不要受到手的支撑，甚至与手保持一定距离。然后放松。重复数次。

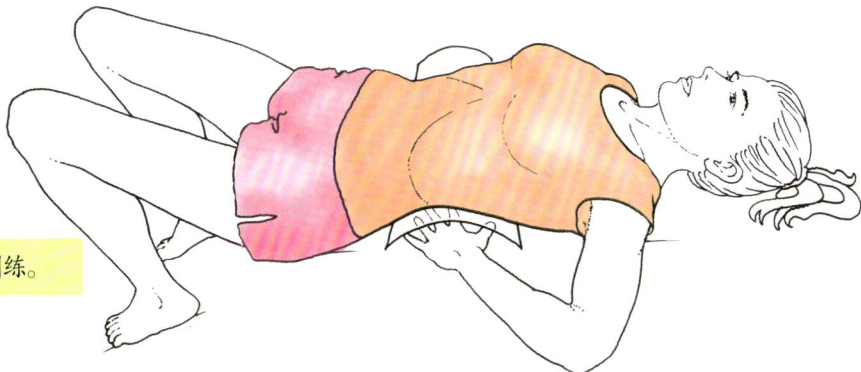

这是背肌训练。

7b 保持仰卧屈膝姿势，收缩腹肌

保持背肌收缩，以对抗腹肌收缩。重复数次。

感受腹肌和背肌收缩是如何使骨盆向后倾斜和腰椎部位贴地的。

7c 站立，微微屈膝

将一只手于腰后伸平。

保持身体用力伸展、尽量挺直的同时，让腰部略微前凸，与手保持一定距离。

7d 保持这个姿势，收缩腹肌

感受腹肌收缩是如何使骨盆后倾并牵拉腰椎向后凸的。

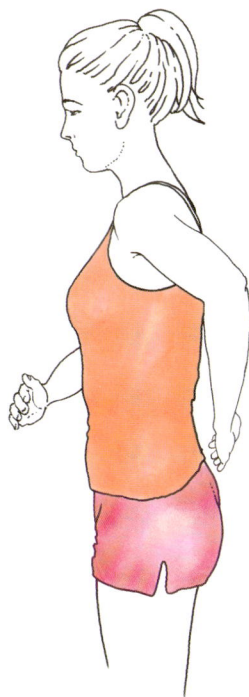

保持背肌收缩，以对抗腹肌收缩。然后放松。重复数次。

九个练习

拉伸腹直肌

起始姿势: 仰卧屈膝, 双臂放于体侧, 双脚平放在地面上。

1a 拉伸腹直肌的上半部分

双臂在胸前交叉, 然后慢慢地伸展并举过头顶。注意: 须经过面部前方, 且尽量接近面部。

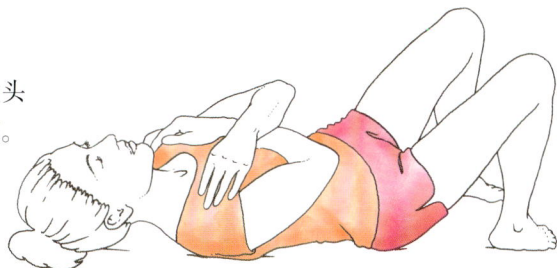

+ 如果可能的话, 保持腕部交叉, 确保双手从面前经过(而不是从头两侧经过)。

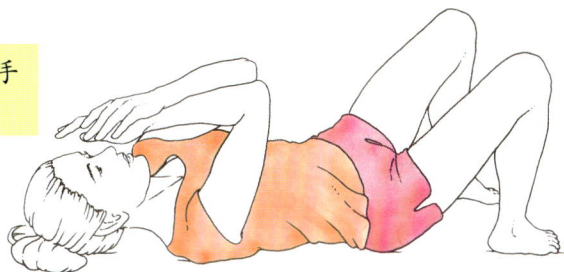

+ 感受整个动作是如何抬升肋骨及胸骨的, 同时感受该动作是如何牵拉并伸展腹直肌的。

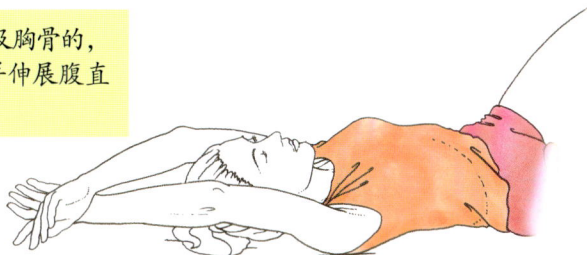

回到起始姿势。

1b 在进行1a动作的同时进行充分的胸式吸气

让胸廓向体前、体侧和身体后方充分扩张。

回到起始姿势。感受手臂的运动幅度是如何加大的。

如果你不是运动疗法医生或健身教练, 而且没有健身或其他运动的习惯, 请在专业人士(最好已接受过零风险腹肌训练法培训)的指导下学习本书后续将要介绍的训练方法。

拉伸腹直肌

1

1c 不对称拉伸腹直肌下半部分

缓缓伸右腿，直至膝关节完全伸直。

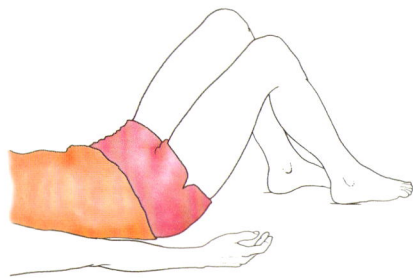

+ 感受动作是如何使右侧骨盆前倾并使腰椎前凸的。

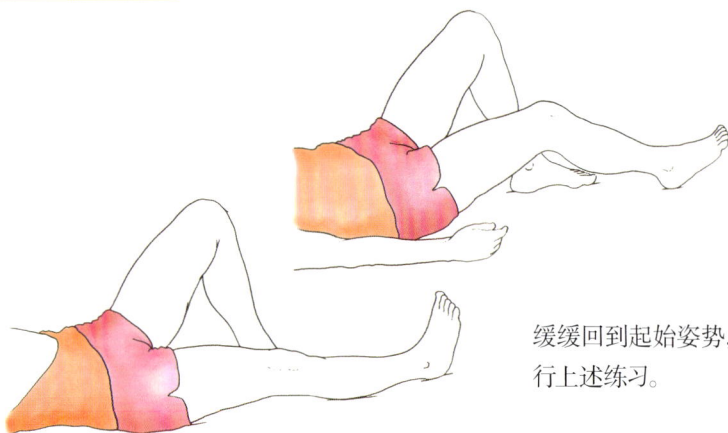

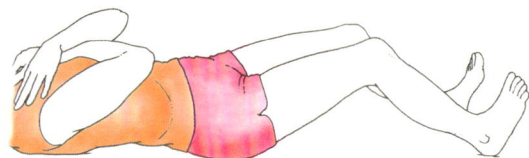

缓缓回到起始姿势，然后换左腿进行上述练习。

1d 对称拉伸腹直肌下半部分

两条腿缓缓地同时伸直。

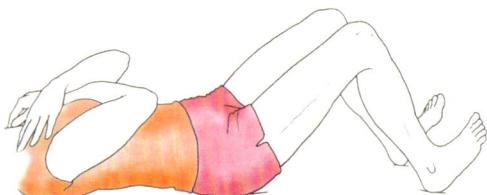

+ 感受动作是如何使骨盆前倾并使腰椎前凸的。

+ 感受动作对腹直肌下半部分的拉伸。

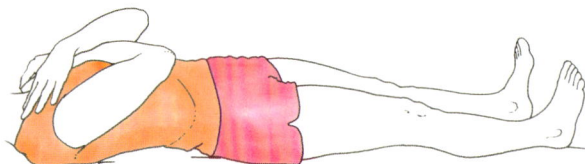

缓缓回到起始姿势。

1e 拉伸整个腹直肌

仰卧,同时进行腿部和手部动作。

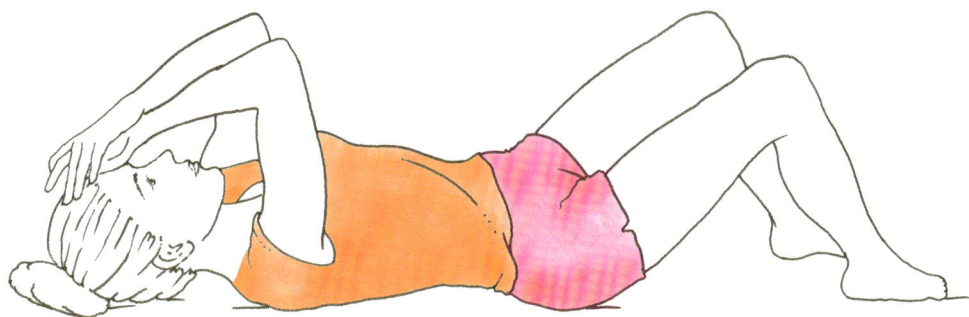

用心体会动作是如何拉伸整条腹直肌的。
让腰椎自然前凸,但要努力加大胸廓与骨盆的距离。

1f 整体拉伸腹直肌,同时强化胸廓扩张的感觉

重复1d中的动作,同时搭配一次深入的胸式吸气。

在吸气过程中,充分抬高胸骨。

重复动作。这一次,在保持拉伸腹直肌、胸骨抬高的状态下稍作停留,屏息几秒钟,之后慢慢回到起始姿势。

重复这个动作。手臂和腿的伸缩速度要保持一致,而且应尽量放缓,这样可以更好地拉伸腹直肌并保持胸廓扩张。

至此,身体已经充分活动开,能够在拉伸体式下进行腹直肌训练了。

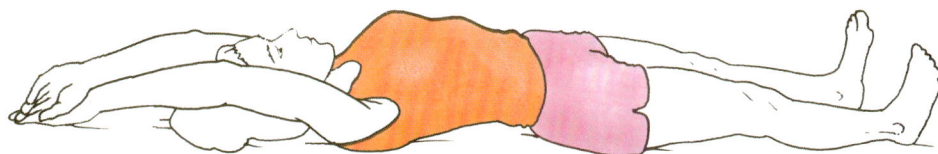

强化腹直肌

2

起始姿势: 仰卧屈膝, 手臂放于体侧, 双脚平放在地面上。

整个动作分四步, 每一步都可分四个阶段进行。

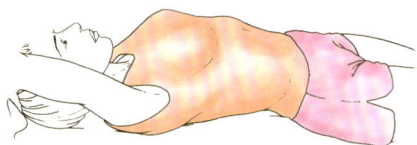

2a 重复1e的动作

同时在拉伸的体式下保持胸骨抬高、胸廓扩张的状态, 吸气后屏息。

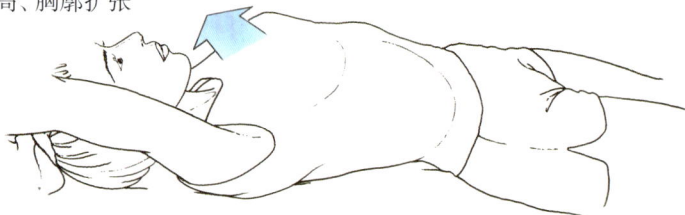

2b 收缩腹直肌的下半部分

进行收缩动作的同时如第131页的热身动作中那样呼气。
注意: 需要保持胸骨抬高的状态。

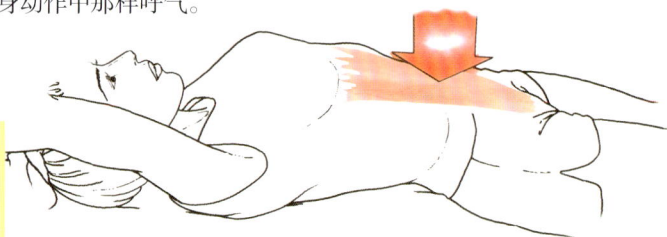

+ 在腹直肌的牵引下, 胸骨很可能会下降, 胸廓的扩张程度也会变小。切勿刻意进行这些行为。

请逐渐加大用下腹部呼气的动作幅度, 以感受在下腹部形成的发力区。

+ 可以通过尝试让背部向上 (向腹部方向) 隆起的方式适当加大动作幅度。这样, 躯干前部和后部的肌肉都能得到训练。

2c 再次吸气

手臂向下移动, 同时注意保持胸廓的扩张。

2d 彻底放松

充分呼气, 准备再次重复2a、2b、2c的动作。

整套动作需要重复十余次。最好和后文中将要介绍的针对腹斜肌的训练交替进行。

拉伸腹内斜肌

3

起始姿势：仰卧，双臂平伸于体侧，双腿平放在地面上。

3a 拉伸右侧腹内斜肌的上半部分

把右手移向左手，右手依次从胸骨上方和左肩上方经过，尽量靠近左手。

感受动作是如何让身体的重量压在左肩胛骨上，又是如何牵拉胸廓向左扭转的。

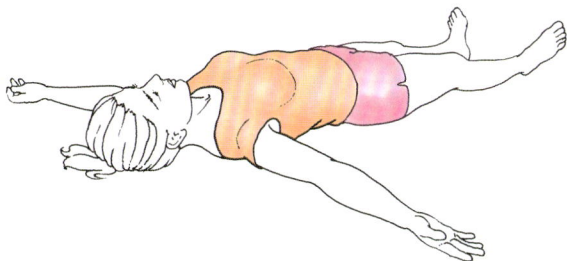

重复动作，找到令你感觉最舒适的右手行进路线。动作过程中，肋骨会逐渐变形；同时，整个胸廓会逐渐向左侧转动。

这个动作主要在左侧腹内斜肌的带动下完成。感受动作对右侧腹内斜肌的牵拉，尤其要注意体会右侧腹内斜肌的上半部分是如何被拉伸的。努力寻求这种牵拉感。

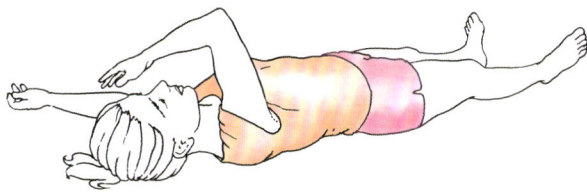

回到起始姿势。

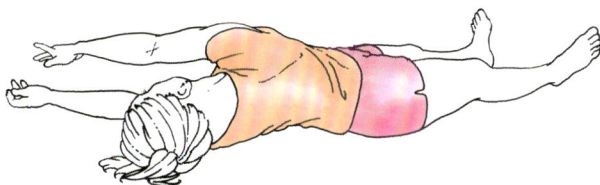

3b 在进行上述动作的同时，搭配一次充分的胸式吸气

主要感受右侧胸廓的充分扩张。

回到起始姿势。

重复动作，以便让动作协调。

拉伸腹内斜肌

③

3c 固定右侧腹内斜肌的下半部分

重复第138页1c的动作，同时将脚和整个腿部向外侧旋转。

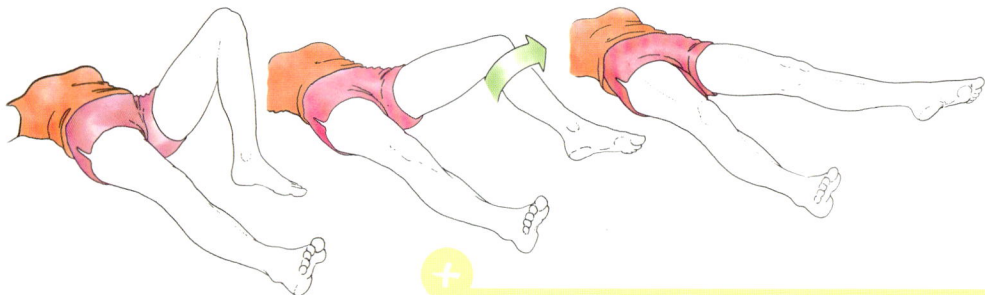

回到起始姿势。

感受动作是如何导致骨盆旋转（骨盆会向移动腿一侧旋转）的。

3d 拉伸整个腹内斜肌

让右手伸向左手，同时伸直右腿并向外侧旋转。刚开始的时候，动作要缓慢，因为右侧的上下肢运动方向相反。需要调整腿和手臂的运动轨迹，让动作更舒适。

让腰部旋转，微微前凸（无须刻意控制），但要尽量让胸廓远离骨盆。

感受骨盆与胸廓的反向旋转对腹内斜肌的牵拉。

3e 拉伸右侧腹内斜肌，同时强化胸廓扩张的感觉

重复3d的动作，同时搭配一次充分的胸式吸气，尤其要充分扩张右侧胸廓。

重复动作，这一次，保持右侧胸廓扩张的拉伸体式，屏息几秒钟，之后缓慢回到起始姿势。重复动作。拉伸和还原动作均要缓慢进行，以保证动作效果。

重复动作，左右交替进行。至此，准备动作已完成，能够在拉伸状态下进行腹肌强化训练了。

强化腹内斜肌

4

整个训练包含四步，每一步都需要分四个阶段缓慢进行。

4a 重复3e的动作

保持胸廓扩张的拉伸体式，吸气后屏息。

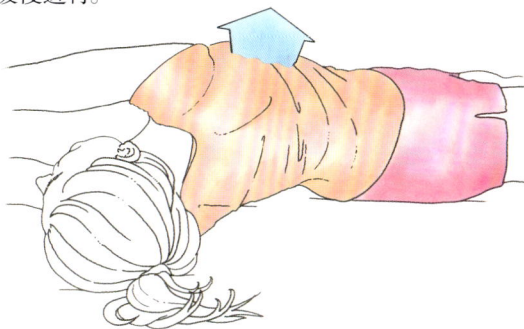

4b 收缩右侧腹内斜肌

进行肌肉收缩动作的同时呼气。注意保持胸廓扩张。

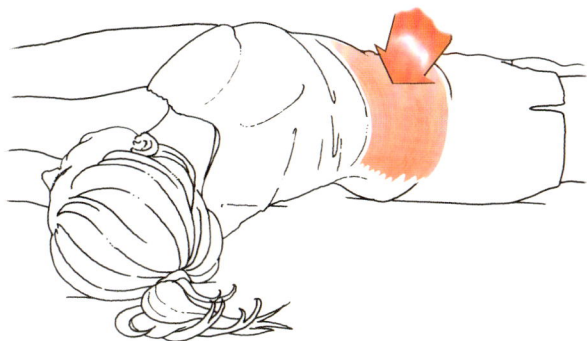

> 由于右侧腹内斜肌的牵拉，右侧胸廓很可能会向背部下压。不要刻意进行该动作。

> 应逐渐增强两侧肋部介入呼气的感觉，以便感受腹部两侧形成的发力区。

4c 再次吸气

同时将右侧手臂向左侧移动，躯干保持原位，有意识地保持胸廓扩张的状态。

4d 彻底放松

充分呼气，准备重复进行4a、4b、4c的动作练习。

换边，重复上述练习。

左右交替，重复练习十余次。

最好与腹直肌强化练习和针对腹外斜肌的练习交替进行。

拉伸腹外斜肌

起始姿势: 仰卧屈膝, 双臂交叉放于胸前, 双脚平放在地面上。

后文介绍将以右侧动作为例。

5a 拉伸右侧腹外斜肌的上半部分

右侧肘关节伸直, 右臂尽量向身体外上方伸展。

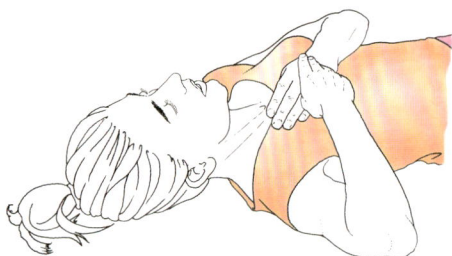

感受动作是如何让身体的重量压在右侧肩胛骨上, 同时在右侧牵拉胸廓的。

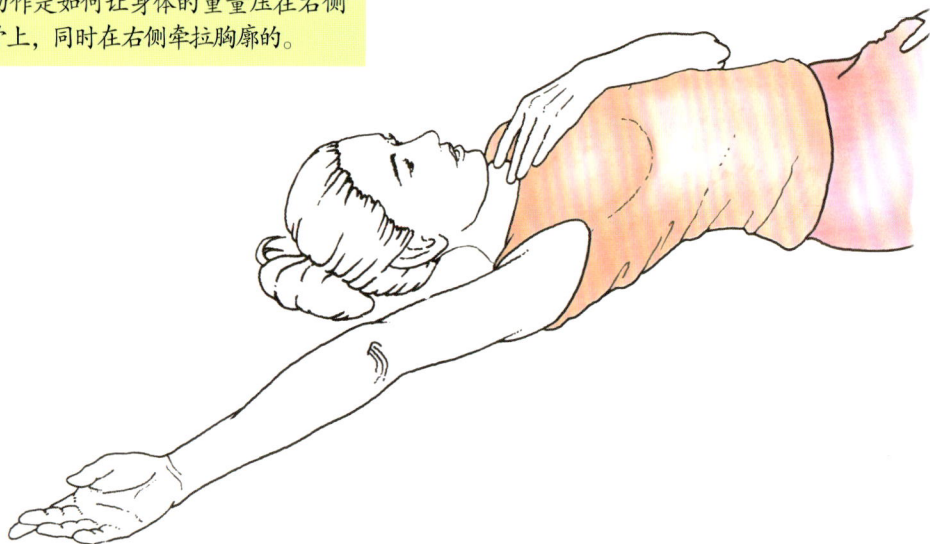

5b 重复动作, 找到合适的右臂运动路线

向内或向外转动手掌, 找到最舒适的掌心朝向。
回到起始姿势。

感受动作对右侧腹外斜肌的拉伸, 特别是对其上半部分的拉伸。

5c 重复5a的动作

尽量集中在胸廓右侧进行充分的胸式吸气。

缓慢重复该动作,以便协调以下动作: 打开手臂、固定胸廓、胸式吸气/拉伸腹外斜肌。

回到起始姿势。

5d 固定右侧腹外斜肌下部

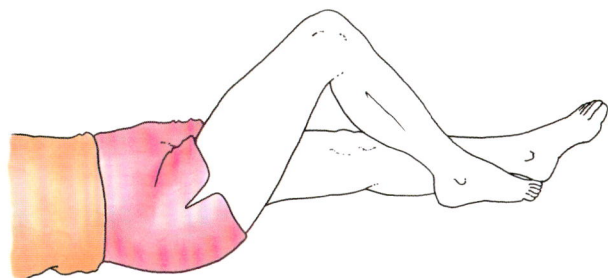

从起始姿势开始,立起右膝。

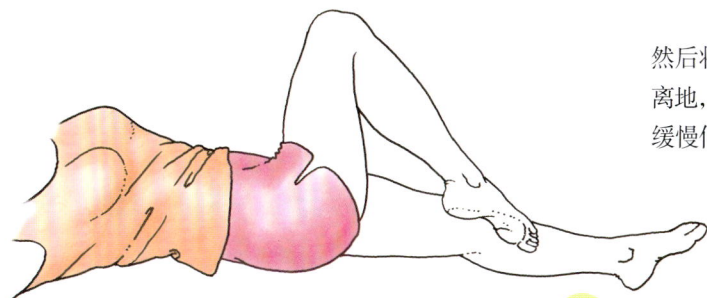

然后将右腿向左侧倾斜,直至右脚离地,骨盆向左旋转。
缓慢伸直右腿。

感受该动作对骨盆的牵拉(骨盆转动,最终由左侧骨盆承担整个骨盆的重量)。充分感受骨盆的转动。
缓慢回到起始姿势。

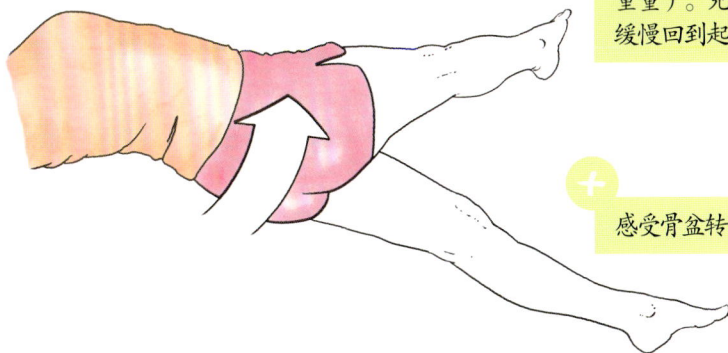

感受骨盆转动对右侧腹外斜肌的牵拉。

拉伸腹外斜肌

5e 拉伸右侧整块腹外斜肌

同时进行5b和5c的动作。刚开始的时候，动作速度要慢，以免造成不适。

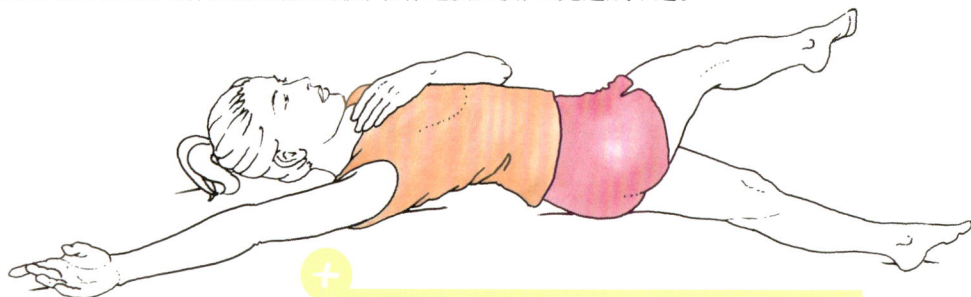

感受骨盆和胸廓的反向转动对腹外斜肌的牵拉。

无须刻意控制腰部的运动，但要注意保持胸廓与骨盆的距离。

5f 拉伸右侧腹外斜肌，同时强化胸廓扩张的感觉

重复5d的动作，同时搭配一次深入的胸式吸气，注意感受右侧胸廓扩张。

重复动作。这一次，在拉伸的同时保持右侧胸廓扩张。

屏息几秒钟，之后缓慢回到起始姿势。

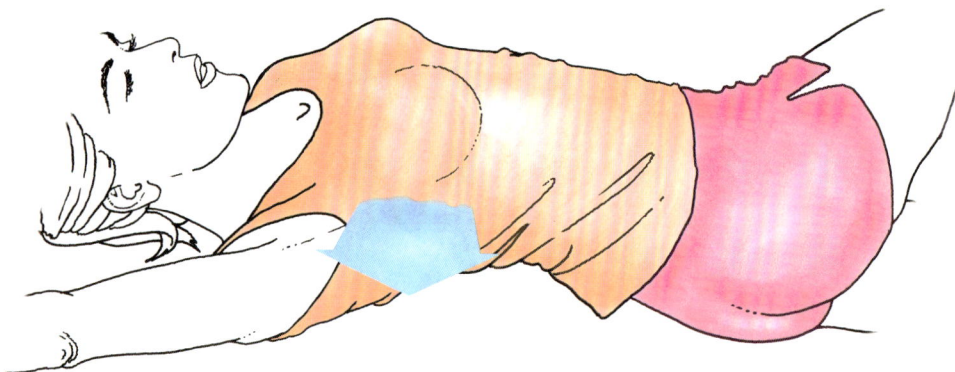

换左侧，重复进行上述练习。

至此，身体已经充分活动，能够在拉伸状态中进行针对腹外斜肌的训练了。

强化腹外斜肌

整个练习包括四步, 每一步又可分四个阶段进行。

下面的介绍将以右侧动作为例。

6a 重复5e的全部动作

保持拉伸体式, 胸廓扩张, 吸气后屏息。

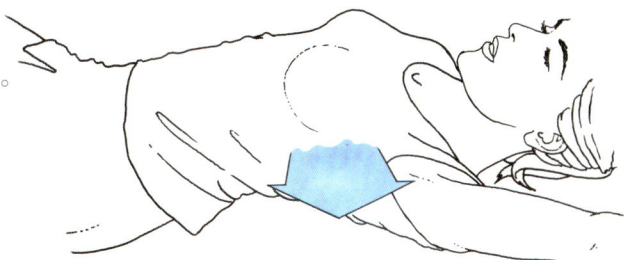

6b 收缩右侧腹外斜肌

通过收缩腹外斜肌位于胸廓右侧的部分进行呼气。动作过程中, 注意使胸廓最大限度地打开。

+ 在右侧腹外斜肌的牵拉下, 右侧胸廓可能会向下降落。无须在意, 但不用刻意进行该行为。

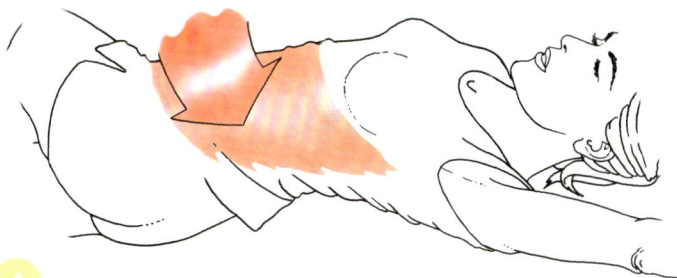

+ 请逐渐加大利用单侧胸廓呼气的幅度, 以便感受胸廓侧面形成的发力区。

6C 再次吸气

同时将右臂向左移动, 躯干保持不动, 主动保持胸廓扩张的状态。

6d 充分放松

充分呼气, 准备重复6a、6b、6c的动作。

换左侧, 重复进行上述练习。

左右交替, 重复练习十余次。最好与腹直肌和腹内斜肌强化练习交替进行。

立位手膝配合平衡练习

零风险腹肌训练法中有一些练习是立位进行的，这些练习刻意左右对称地收缩腹肌。手膝配合平衡练习可以强化腹肌、背肌和腰肌。

起始姿势: 竖直站立, 双脚分开, 间距与髋同宽, 脚尖朝前。

7a 扩张胸廓，吸气

让胸廓远离骨盆。

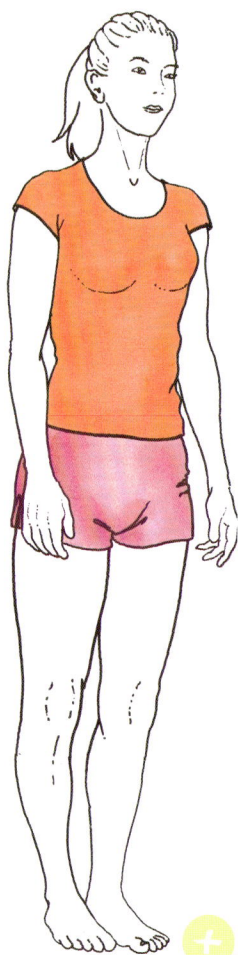

7b 抬高手臂

手臂沿身体上抬, 从肘关节弯曲至手臂伸直高举过头顶。

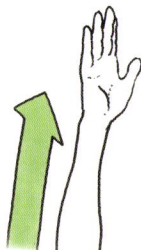

7c 微屈双膝

手臂放下, 双膝微曲, 同时保持骨盆处于中立位。

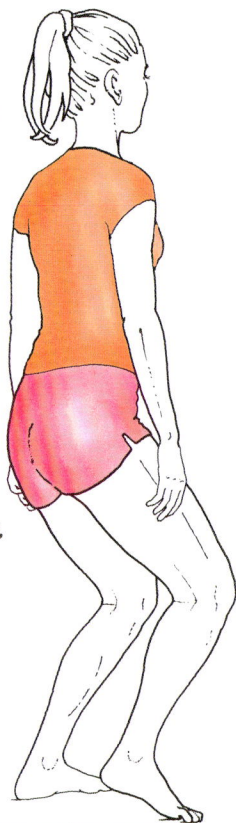

在手臂抬高的一侧, 感受该动作是如何牵拉胸廓远离骨盆的。

动作过程中, 用心体会两侧腹肌在腰部 (即肋骨到骨盆间) 的作用。

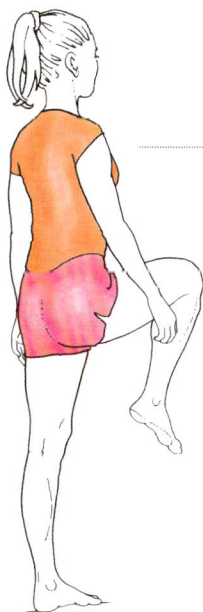

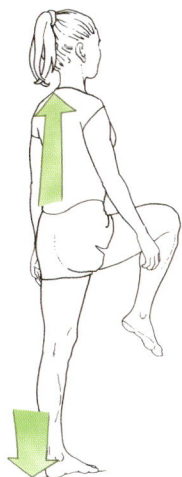

7d 左腿单腿站立

在保持住平衡的情况下,缓缓伸直左膝。

提起右膝,使髋关节呈直角。

此时,右侧骨盆会向后倾。因此,要尽量保持上身直立,脊柱向上伸展。

7e 将左手置于右膝上

手往下压,腿向上抬,二者相互对抗。

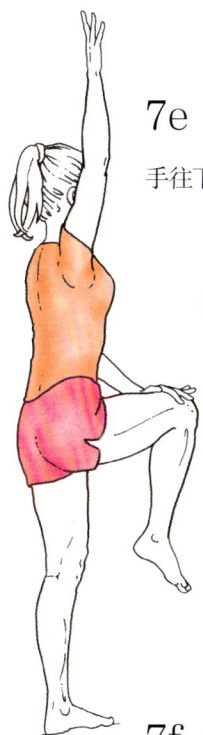

此时会不自觉地弓背。因此,要注意保持胸廓与骨盆的距离。为了达到此目的,你需要时刻保持前述动作中手臂高举的动作。

7f 用左腿单腿站立,同时左脚扎实地向下踩地

这样做,既是为了保持平衡,也可使身体在支撑腿和高举的手臂之间尽量伸展。

感受该动作是如何保持胸廓和骨盆的距离的。

弓步练习

8

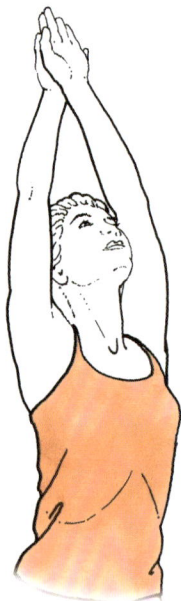

零风险腹肌训练法中还包含一系列弓步练习，这些练习可以锻炼一块或多块腹肌。弓步练习的主要目的是强化腹直肌。

起始姿势：竖直站立，双脚分开，间距与髋同宽，脚尖朝前，手臂自然垂于体侧。

8a 借助手臂拉伸腹直肌

双手交叠，然后同时举过头顶，手臂尽量伸直。然后回到起始姿势。

感受该动作是如何使肋骨上提以及拉伸腹直肌上半部分的。

8b 重复动作，同时搭配一次充分的胸式吸气

然后回到起始姿势。

8c 借助腿部拉伸腹直肌

双膝微屈，重心移至左腿。

右腿后撤，尽量加大双脚距离，右脚点地，不参与支撑身体。

右侧骨盆会被牵拉至前倾位，腰椎前凸。任由腰椎前凸，努力让胸廓远离骨盆。感受动作对腹直肌下半部分的拉伸。

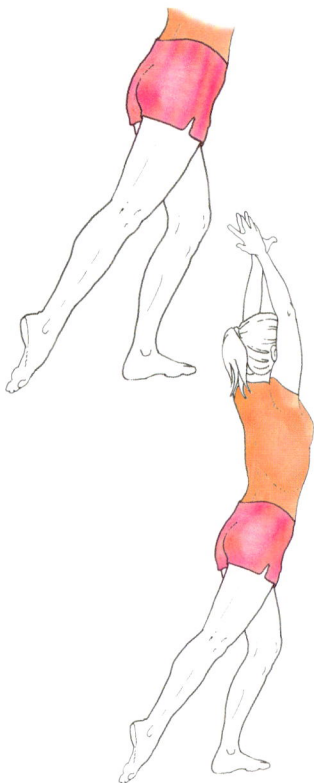

8d 手臂和腿共同参与拉伸腹直肌

同时进行8a和8c的动作。

感受动作对整条腹直肌的拉伸。

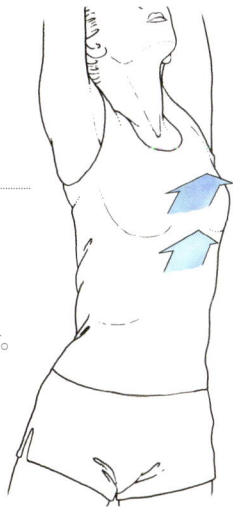

8e 重复数次8b的动作

之后, 在进行8b动作的同时搭配一次充分的胸式吸气, 抬高胸骨。

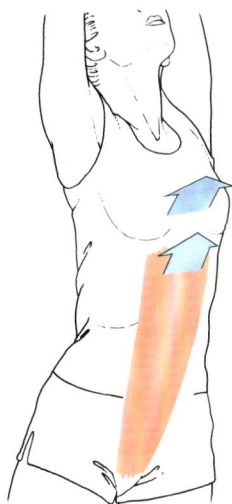

8f 收缩腹直肌, 让其作用于内脏

在8d的拉伸体式下停留, 收缩腹直肌, 努力让耻骨向胸骨方向移动。还原到起始姿势。

> **+** 在动作的同时呼气, 但要保持胸廓的扩张, 只让腹部内陷。

8g 收缩腹直肌, 让其作用于骨骼, 借助手膝配合平衡练习的动作进行等长收缩

重复8f的全部动作。

重心置于左腿上, 提起右膝, 左手放在右膝上, 下压膝盖, 右腿与之对抗。

搭配一次胸式吸气。

呼气的同时还原至起始姿势。

在左侧重复8d~8f的动作。略作休息, 调整呼吸。

针对腹直肌的弓步练习需在左右两侧各重复十余次。最好和其他针对腹直肌的强化练习及强化腹斜肌的弓步练习搭配进行, 特别是侧弓步练习（详见后文）。

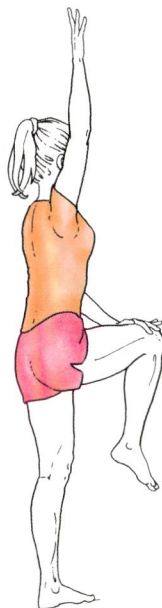

侧弓步练习

这个旨在强化腹斜肌的练习是零风险腹肌训练法的标志性练习。进行这个练习前必须进行热身。

9a 固定躯干和手臂，使其成为一个整体

竖直站立，双脚平行打开，比肩略宽，脚尖朝前。

左臂伸直，紧贴左侧躯干，让它与躯干和骨盆成为一个整体。此时，伸直的左臂就好像躯干的支柱。

9b 左右摆动

在9a动作的基础上，弯曲右膝（左膝勿弯曲），使骨盆倾斜。

可以将双手放在髂嵴部位（即双手叉腰），以验证骨盆的倾斜。

保持脊柱挺直，不要向右侧弯曲。为此，需要将躯干紧贴左臂。

缓慢重复整套动作：固定躯干和手臂，使其成为一个整体——屈膝——倾斜躯干的同时保持脊柱挺直。

脊柱会自然地向右弯曲，请注意时刻保证它的挺直。

9c 感受腹斜肌的收缩

将右手放在左侧腰部。

当身体向右侧倾斜时，用手感受左侧腹斜肌的收缩。腹斜肌收缩不仅是为了防止摔倒，还为了保持躯干挺直。

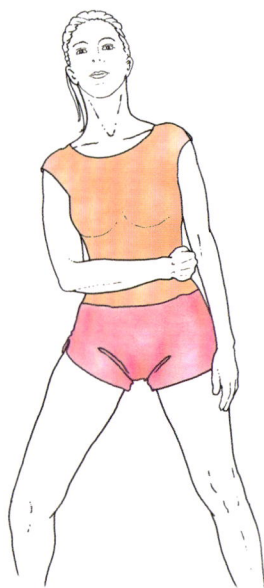

9d 改变动作强度

通过调整膝关节弯曲的程度来调整躯干的倾斜角度,重复
动作。如果可能的话,可以在镜子前进行训练,或者在背部
放置一根木条,以确保无论上身如何倾斜,脊柱都没有发
生弯曲。这一点对于保护椎间盘至关重要。

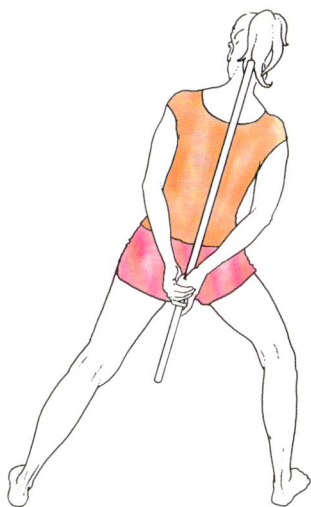

膝关节弯曲的程度越大,躯干的倾斜角度就
越大,腹斜肌收缩也就越强烈。

9e 高举手臂

重复9d的动作。沿躯干的延长线伸直左臂。

在这个体式中,尽量抬高手臂,以带动肋部使之充分打开,
同时加大左侧胸廓和骨盆间的距离。

左侧腹斜肌在收紧的同时也在被拉伸。

该动作中,腹斜肌的收紧程度加大。

侧弓步练习

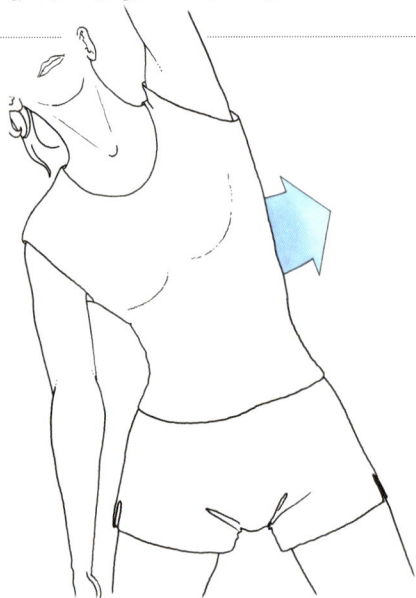

9f 胸廓扩张

重复9e的动作。

在进行动作的同时搭配一次充分的胸式吸气（应特别注意调动胸廓左侧肌肉的参与）。

9g 腹斜肌收缩作用于内脏

保持上述体式不变，呼气，类似于在左侧进行收腰的动作，但不要真的使腰围发生改变。保持胸廓扩张。

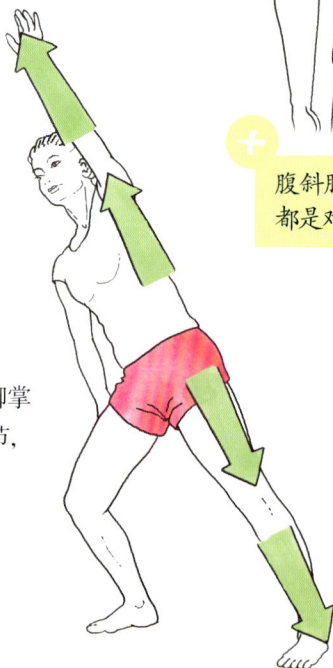

腹斜肌和腹横肌此时都在收缩，都是对内脏起作用。

9h 延展体侧

重心移向右腿，努力尝试用左脚全脚掌踩地，充分伸展左侧膝关节和髋关节，让左侧躯干充分拉伸。

9i 移动重心

在9g动作的基础上，右脚推地，伸直右膝，将重心移至左腿。

+ 估计一下右腿支撑身体所需的力量，将重心移至左腿时保持身体平衡即可进行手膝配合平衡练习。

9j 手膝配合平衡练习

右臂伸直上举。左手下压右膝。

在进行这一系列动作的同时，扩张胸廓，吸气，避免躯干前倾。

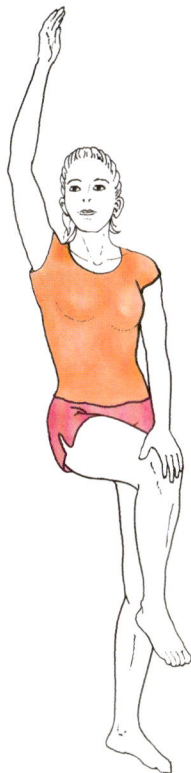

重复动作。然后换方向进行上述练习。

稍后，在左右两侧交替进行练习，以活动左右两侧的腹斜肌。

侧弓步腹斜肌练习需左右交替各重复十余次。最好和强化腹直肌练习（特别是前文中介绍的弓步练习）及零风险腹肌训练法中介绍的其他针对腹斜肌的弓步练习交替进行。

总结

建立正确的认知

进行腹肌训练并不一定能够获得平坦的腹部。

有些腹肌训练甚至会使腹部外凸（见第52~53页）

不收缩腹肌也可使腹部平坦（见第54页）

某些腹肌训练可以起到收腰效果但无法使腹部平坦（见第55页）

一直收腹不一定是好事（见第56页）

想获得平坦的腹部，只考虑腹肌是不够的（见第59~63页）

要想获得平坦的腹部，需要进行一些更具针对性的腹肌训练（见第65~69页）

获得平坦腹部的方法

交替进行腹肌的收缩和拉伸（见第65页）

交替进行腹斜肌和腹横肌的收缩（见第66页）

交替进行腹斜肌、腹横肌和腹直肌的收缩（见第67页）

协调腹肌在一定动作方向上共同作用（见第68页）

协调腹肌和呼吸之间的配合（见第69页）